NOTES

POUR SERVIR

A

L'HISTOIRE DE L'HOTEL-DIEU

DE PARIS

PAR

LÉON BRIÈLE

Archiviste-Paléographe

PARIS
ERNEST THORIN, ÉDITEUR
7, RUE DE MÉDICIS, 7
—
1870

NOTES

POUR SERVIR

A

L'HISTOIRE DE L'HOTEL-DIEU

DE PARIS

PAR

LÉON BRIÈLE

Archiviste-Paléographe

PARIS
ERNEST THORIN, ÉDITEUR
7, RUE DE MÉDICIS, 7

1870

AVANT-PROPOS

Mon but, en publiant ce petit travail, est de montrer quelles ressources pourraient offrir, pour l'histoire hospitalière de Paris aux siècles passés, les Archives de l'Administration de l'Assistance publique.

Si ces quelques Notes, prises au courant de la plume, peuvent suffire, tout incomplètes qu'elles sont, à intéresser un instant le lecteur, combien une histoire *complète* de l'Hôtel-Dieu intéresserait plus vivement tous ceux qui ont le goût des recherches historiques.

Un médecin qui connaît à merveille les médecins et les choses de la médecine d'autrefois, M. le docteur Achille Chereau, recueille en ce moment les matériaux d'une histoire de la Faculté de médecine de Paris; ne semble-t-il pas que l'histoire de la Faculté et celle de l'Hôtel-Dieu se compléteraient heureusement l'une par l'autre et qu'elles devraient, par conséquent, paraître en même temps?

Cette tâche serait lourde; personne cependant, — s'il m'est permis de le dire sans sortir de la réserve à laquelle je suis tenu, — personne ne serait mieux préparé à l'entreprendre que l'auteur de l'*Étude sur les Hôpitaux*.

En attendant, que M. Husson, Directeur général de l'Assistance publique, veuille bien recevoir de nouveau ici tous mes remerciments pour sa bienveillance.

En m'autorisant à publier ces Notes, M. Husson a montré une fois de plus que l'Administration dont il est le chef entend faire un libéral usage des richesses historiques que renferment ses Archives.

L. B.

Extrait de L'UNION MÉDICALE (Troisième série)
Année 1869

NOTES

POUR SERVIR

A

L'HISTOIRE DE L'HOTEL-DIEU DE PARIS

Les constructions du nouvel Hôtel-Dieu de Paris s'élèvent rapidement. Une nécessité impérieuse fera bientôt disparaître le vieil Hôtel-Dieu qui, s'il n'a presque rien conservé de l'établissement hospitalier du moyen âge, en a du moins continué directement jusqu'à nous a tradition.

Le moment actuel marque donc dans l'histoire de ce grand établissement un fait considérable, et comme une période de transition. De l'ancien Hôtel-Dieu il ne restera plus rien que les souvenirs historiques consignés dans les chartes et les documents de tout genre qui constituent ses archives ; à quelques pas de l'ancien, toujours dans la Cité et à l'ombre de Notre-Dame, le nouvel Hôtel-Dieu remplacera la vieille *Maison-Dieu*, l'antique xénodochie.

Aussi, ce moment nous a paru bien choisi pour consacrer quelques pages au monument qui va disparaître. Notre intention n'est pas de retracer un tableau complet de l'histoire de cet hôpital aux différentes époques de sa longue existence ; notre but, plus modeste, est de mentionner les principales fondations charitables instituées à son profit, et de rappeler les faits historiques les plus importants qui le concernent.

Nous diviserons notre travail en quatre parties : 1° Priviléges et dons royaux, fondations charitables, dons et legs ; 2° organisation et administration ; 3° médecins et chirurgiens, faits médicaux et chirurgicaux ; 4° faits anecdotiques, visites de rois et de reines à l'Hôtel-Dieu, particularités.

Nous n'avons pas besoin de faire remarquer à nos lecteurs que nos renseignements sont puisés aux sources mêmes, et que ce petit travail est fait, nous pouvons dire, pièces en mains, puisqu'il n'est que le résultat du dépouillement que nous avons fait de la collection si intéressante des registres de délibérations du Bureau de l'Hôtel-Dieu conservés aux Archives de l'Assistance publique, réorganisées tout récemment par les soins de M. Husson (1).

Une grande obscurité règne sur les origines de l'Hôtel-Dieu de Paris.

Le premier texte authentique qui mentionne un établissement hospitalier dans le voisinage de la basilique de Notre-Dame est une charte de l'évêque de Paris Inchad, datée de l'an 829, qui prescrit de donner la dîme de certains biens « à cet hôpital de pauvres situé près du tombeau de Saint-Christophe. » (Voyez Guérard, *Cartulaire de Notre-Dame de Paris*, t. 1, CXIV, p. 322.)

Cet hôpital Saint-Christophe fut, à n'en pas douter, l'origine de l'Hôtel-Dieu actuel.

Il faut ensuite descendre jusqu'au XIIe siècle pour trouver, à partir de 1157, une suite non interrompue de documents relatifs à l'Hôtel-Dieu.

A cette date de 1157, on possède des lettres patentes de Louis VII, roi de France, portant donation aux pauvres de la Maison-Dieu de Paris de 3 sous 8 deniers de cens sur un fonds de terre situé près de la porte Baudoyer. (Archives de l'Assistance publique, n° 1803.)

C'est le premier texte où l'on rencontre cette expression commune à tous les hôpitaux du moyen âge : *Domus Dei* (Maison-Dieu).

A partir de cette époque donc, l'Hôtel-Dieu de Paris existe pour nous d'une manière certaine ; mais ces Maisons-Dieu avaient alors le caractère d'asiles, de maisons de refuge pour les pauvres, plutôt que de véritables hôpitaux.

En 1199, nous trouvons un texte où cette distinction entre les malades et les pauvres, tous également reçus à l'Hôtel-Dieu, est indiquée en termes précis : c'est une charte par laquelle Adam, clerc du roi Philippe-Auguste, donne « aux pauvres de l'hôpital de Sainte-Marie de Paris la maison située devant l'église de Saint-Denis de la Châtre » *(Sancti Dyonisii de carcere)*, et la maison voisine aboutissant ruelle de la Sainte-Croix, à condition que le revenu de ces maisons servirait à acheter tous les ans, au jour anniversaire de la mort du donateur, des vivres *pour les malades* de l'Hôtel-Dieu, à l'*exclusion* des autres habitants de l'hôpital.

Cette tolérance, qui faisait accueillir les pauvres en même temps que les malades dans un même établissement, dura pendant plusieurs siècles, et il faut arriver jusqu'aux temps de la fondation de l'hôpital général pour voir l'entrée des hôpitaux interdite à ceux qui n'étaient point malades ; encore voit-on, par plus d'un exemple, qu'on se départait souvent à cet égard de l'application rigoureuse des règlements.

En 1168, les chanoines du chapitre de Notre-Dame s'engagent solennellement, dans un statut capitulaire, pour eux et leurs successeurs, à laisser « à l'hôpital de Sainte-Marie, qui est devant la porte de l'église, » la garniture de leur lit.

Les effets de cette donation, dite des *lits de chanoines*, qui fut pour l'Hôtel-Dieu une source importante de revenus, ne cessèrent d'exister qu'à la Révolution.

Avec le XIIIe siècle, les diplômes royaux accordant des privilèges à l'Hôtel-Dieu deviennent plus nombreux ; depuis lors, les rois de France ne cessent d'étendre leur protection sur cette maison des pauvres et des malades.

---

(1) M. Husson, membre de l'Institut et de l'Académie de médecine, directeur de l'Administration générale de l'Assistance publique, a publié une *Etude sur les hôpitaux* où se trouve une notice très-bien faite sur l'Hôtel-Dieu ; nous ferons quelques emprunts à cette notice.

Nous allons énumérer, dans l'ordre chronologique, les titres les plus importants de ces priviléges et dons royaux.

En 1208, Philippe-Auguste abandonne à l'Hôtel-Dieu, toutes les fois qu'il quittera Paris, toutes les jonchées (*stramen*) de son palais.

En 1227, saint Louis accorde des lettres de sauvegarde et de protection « à l'hôpital de Sainte-Marie de Paris. »

En 1248, le même roi autorise l'Hôtel-Dieu à payer un prix particulier pour les provisions nécessaires aux malades, droit régalien dont jouissaient le roi de France, quelques officiers de la couronne et l'évêque de Paris.

En 1255, des lettres patentes exemptent l'Hôtel-Dieu de tout impôt.

En 1269, enfin, c'est encore saint Louis qui exempte l'Hôtel-Dieu de tout péage pour le transport par terre ou par eau des denrées destinées à l'usage des religieux, des religieuses, des pauvres et des malades.

En 1324, Charles le Bel concède à l'Hôtel-Dieu le droit de prendre chaque année cent charretées de bois dans la forêt de Cuise (Compiègne), outre les deux cents charretées qu'il y prenait déjà en vertu de concessions antérieures; en échange de ce droit, le maître, les frères et les sœurs de l'Hôtel-Dieu étaient tenus d'amener au roi, mais à ses dépens, tous les ans, aux quatre grandes fêtes, les reliques de la chapelle royale, pourvu qu'il ne fût pas à plus de 34 lieues de Paris.

En 1325, le même roi ordonne que toutes les lettres royales concernant l'Hôtel-Dieu soient scellées du sceau du roi et expédiées gratuitement.

En 1328, Philippe de Valois autorise, pour plus de commodité, l'Hôtel-Dieu à prendre dans la forêt de Bierre (Fontainebleau) les trois cents charretées de bois dont il avait la jouissance dans la forêt de Cuise.

En 1344, il accorde à l'Hôtel-Dieu le droit de faire paître 200 porcs dans la forêt de Rez (forêt de Cuise ou de Compiègne).

En 1345, ce même roi ordonne de transférer en la rue Neuve-Notre-Dame un étal de boucher qui se trouvait placé entre la grande et la petite porte de l'Hôtel-Dieu, tout près de l'église de l'hôpital, et gênait ainsi l'exercice du culte.

En 1353, des lettres du roi Jean font défense à ses pourvoyeurs et à ceux des princes du sang de prendre aucuns biens ni ustensiles appartenant à l'Hôtel-Dieu.

En 1363, Charles, duc de Normandie, dauphin et lieutenant du roi, dispense l'Hôtel-Dieu de contribuer au subside levé pour la guerre.

En 1367, Charles V exempte l'Hôtel-Dieu des droits d'aide sur le vin.

En 1369, le même roi dispense l'Hôtel-Dieu de produire en justice les originaux de ses titres et ordonne qu'il soit ajouté foi aux *vidimus* donnés sous sceaux authentiques. C'est, sans aucun doute, à ce privilège que l'Administration de l'assistance publique doit d'avoir conservé presque intact le magnifique dépôt des Archives de l'Hôtel-Dieu.

En 1419, des lettres patentes de Charles VI exemptent l'Hôtel-Dieu d'une nouvelle aide de 8 sous levée sur chaque queue de vin entrant dans Paris.

En 1444, Charles VII ordonne que les affaires de l'Hôtel-Dieu soient jugées par le prévôt de Paris, même pendant le temps des vacances.

En 1467, des lettres du roi Louis XI enjoignent au prévôt de Paris de faire plaider au Châtelet, tous les jours de la semaine, les affaires de l'Hôtel-Dieu.

En 1512, Louis XII accorde « aux maistres frères et sœurs, commis au régime et gouvernement de l'Hostel-Dieu, » des lettres de sauve-garde et de garde gardienne au Châtelet de Paris.

En 1554, une déclaration du roi Henri II exempte l'Hôtel-Dieu de la contribution pour les fortifications de la ville de Paris.

Les priviléges que nous avons mentionnés jusqu'ici, tout en déchargeant l'Hôtel-Dieu d'impôts considérables qui pesaient lourdement sur les particuliers, ne contribuaient qu'indirectement à la fortune de cet hôpital; nous devons donc énumérer maintenant les titres qui créèrent directement au profit de cet établissement des revenus de diverses natures.

Par lettres patentes en date de 1223, le roi Louis VIII, en exécution du testament de Philippe II, son père, donna à l'Hôtel-Dieu 366 livres de rente annuelle à prendre chaque année en la prévôté de Paris.

En 1260, Louis IX assigna à l'Hôtel-Dieu 200 livres parisis de rente annuelle à prendre au Temple, sur le trésor royal; la même année, cette rente fut augmentée de 20 livres.

En 1291, Jeanne, comtesse d'Alençon et de Blois, donna 20 livres tournois. En 1322, Blanche, fille de saint Louis, légua 20 livres, et, en 1340, Jeanne, reine de France, fit don d'une rente de 20 livres tournois.

Au XIV° siècle donc, la fortune de l'Hôtel-Dieu, en joignant à ces différentes donations le produit des rentes qui avaient été achetées de l'excédant des revenus, était de plus de 130,000 francs.

Le livre de M. Husson sur les hôpitaux (page 508) nous fait connaître le détail des revenus domaniaux de l'Hôtel-Dieu en 1416, décomposé ainsi qu'il suit :

54 maisons, à Paris, rapportant annuellement....	1847 liv. parisis.
Cens et rentes sur 57 maisons à Paris.........	311 —
Rentes sur le Temple, trésor du roi..........	589 —
Rentes sur la prévôté de Paris............	463 —
Dons, legs et aumônes................	1382 —
Vente d'effets....................	485 —
Cens et rentes sur des maisons et terres hors Paris...	1270 —
	6347 liv. parisis.
Fermage en nature. Blé......	509,760 livres.
— Avoine....	115,200 —
— Orge.....	8,640 —
Vin. 307 queues ou environ....	130,000 litres.

En 1584, Henri IV, considérant la grande misère de l'Hôtel-Dieu et l'extrême nécessité à laquelle il était réduit depuis la guerre, ordonna qu'il serait levé au profit de cet hôpital 10 sous par augmentation sur les droits exigés pour la vente de chaque minot de sel dans les greniers de la généralité de Paris. Ce droit, concédé d'abord pour une année seulement, et prorogé d'année en année jusqu'en 1607, devint perpétuel à partir de cette époque.

De tout temps les tribunaux du royaume avaient attribué aux hôpitaux une part dans les amendes édictées contre divers crimes ou délits, Henri IV fut le premier qui, par un édit de 1609, ordonna que les biens des duellistes condamnés à mort seraient confisqués au profit des hôpitaux; l'arrêt de 1609 disposait que, jusqu'à nouvel ordre, le receveur de l'Hôtel-Dieu recueillerait les deniers provenant de cette source.

En 1626, des lettres patentes de Louis XIII accordèrent à l'Hôtel-Dieu la jouissance à perpétuité de 3 sous tournois à prendre en 30 sous tournois qui se levaient sur chaque muid de vin entrant dans Paris. En 1642, ce droit fut affermé au s^r Vanel, sieur de Treicourt, pour la somme de 39,230 livres.

L'Hôtel-Dieu était depuis un certain nombre d'années en possession du droit de vendre seul de la viande pendant le temps du carême, lorsqu'une ordonnance de Louis XIV, en 1658, vint confirmer ce droit, prescrivit des recherches minutieuses dans les hôtelleries, auberges, cabarets et maisons des particuliers, tant de la ville que des faubourgs, et ordonna que les viandes de boucherie, le gibier et les volailles qui seraient saisis seraient confisqués au profit de l'Hôtel-Dieu.

A la fin de ce même siècle, en 1690, Louis XIV, considérant qu'en interdisant aux hôpitaux de constituer des rentes viagères à fonds perdu à un taux plus élevé que celui qui était fixé par les ordonnances, il leur avait enlevé une source féconde de revenus pour le présent, accorda à l'Hôtel-Dieu pour 14/19es et à l'Hôpital général pour 5/19es 30 sous sur chaque muid de vin entrant dans Paris; ce droit fut également prorogé jusqu'en 1780.

Parmi les priviléges concédés à l'Hôtel-Dieu, le seul qui ait survécu à la Révolution est le droit sur les spectacles, qui fut à plusieurs reprises, qui est encore aujourd'hui l'objet des plus vives réclamations de la part des directeurs des théâtres de Paris. Cette taxe des pauvres fut établie par ordonnance du 25 février 1699, d'abord en faveur de l'Hôpital général seulement; plus tard, en 1716, une ordonnance de Louis XV étendit ce droit à l'Hôtel-Dieu en prescrivant que les administrateurs de cet hôpital seraient autorisés à percevoir 1/9e par augmentation sur l'ancien prix des places pour les entrées aux opéras, comédies et autres spectacles publics. Ces deux perceptions réunies s'élevaient aux 5/8es ou plus du quart des recettes brutes.

Supprimé pendant la Révolution, cet impôt fut rétabli par la loi du 5 frimaire an V, mais réduit à un décime par franc en sus du prix de chaque billet d'entrée.

Pendant quarante-deux ans, de 1807 à 1848, ce droit, qui forme une des branches les plus importantes du revenu des pauvres, a produit la somme totale d'environ 28 millions de francs.

Notons en passant, comme un détail curieux, que les frais d'impression du *Traité de la police*, par Delamare, furent prélevés sur les recettes du droit sur les spectacles. Une convention faite en 1716 portait que, pendant vingt ans, la propriété du *Traité de la police* serait partagée entre le sieur Delamare et l'Hôtel-Dieu, et qu'après ce temps, le fonds et le produit appartiendraient en entier à l'Hôtel-Dieu.

Nous pourrions étendre beaucoup cette liste des priviléges et dons royaux concédés à l'Hôtel-Dieu, rappeler les indulgences accordées par les papes, la décharge des tailles et taxes, les rentes assignées sur la boîte des halles, les droits sur les coches et carrosses allant et venant de Paris en Normandie, mais notre travail ne devant être qu'un rapide résumé, il nous semble que nous avons assez longuement parlé des souverains, bienfaiteurs de l'Hôtel-

Dieu ; nous mentionnerons maintenant les principales fondations faites par des particuliers au profit du grand hôpital parisien, à charge d'obligations diverses ou de services religieux.

En 1555, François de Raissie, sieur de la Hargerie, maître d'hôtel du Roi, constitue une rente de 2,000 livres pour être consacrée à la nourriture et à l'entretien des pauvres, à charge d'employer chaque année 100 livres à acheter des vêtements et des vivres pour les prisonniers les plus pauvres de la Conciergerie et du Châtelet.

En 1588, Ludovic de Gonzagues, duc de Nevers et de Rethel, fonde 60 bourses de 50 livres chacune à distribuer annuellement à 60 jeunes filles pauvres prises dans les châtellenies et paroisses dépendant du duché de Nevers ; la surveillance et la direction de cette fondation appartenaient à l'Hôtel-Dieu.

Deux jeunes filles étaient d'abord élues dans chaque paroisse, puis le sort décidait laquelle des deux serait appelée à jouir du bénéfice de la fondation de Nevers. Il nous a paru intéressant de reproduire ici un de ces procès-verbaux de tirage au sort. C'est celui de la paroisse de Senonches pour l'année 1789 :

« Le quatorzième jour du mois d'avril 1789, les deux filles ci-devant nommées, élues en
« cette châtellenie l'année présente, se sont présentées par-devant nous curé, juge, procureur
« fiscal et greffier susdits, en présence de plusieurs paroissiens assemblés, et nous ont repré-
« senté les procès-verbaux de leur élection.

« Ce fait, elles ont été rangées, sçavoir, ladite Marie-Louise Moreau, élue en la présente
« année pour la seconde fois la première, et ladite Marie-Françoise Blot, élue pour la pre-
« mière fois la seconde.

« Cet ordre de filles ainsi fait, et ceux qui les ont assistées s'étant rangés derrière elles
« pour prendre garde qu'il ne fût commis aucun abus à leur préjudice, M. le curé a
« lu l'art. 38 jusques et y compris l'art. 53 de la fondation.

« Ensuite le greffier a fait, en présence de toute l'assemblée, le nombre de trois billets, afin
« d'en donner à chaque fille autant qu'elle a été élue et confirmée de fois dans son élection
« le dimanche de Pâques-fleurie, dans l'un desquels billets a été écrit : « Dieu vous a élue,
« ny ayant qu'une aumône à distribuer par chacun an dans cette châtellenie, » et en tous les
« autres a été écrit : « Dieu vous console. »

« Puis, ayant été roulés et enfermés avec une bague de fer, comptés soigneusement et mis
« dans un pot couvert de linge qui a été secoué pour les mieux mêler, ledit pot a été présenté
« à un petit enfant au-dessous de 10 ans pour les tirer et distribuer, ce qu'il a fait et les a
« donnés l'un après l'autre auxdites filles.

« Et, par la lecture qui a été faite de tous lesdits billets à mesure qu'ils ont été tirés, il s'est
« trouvé que celui où était écrit : « Dieu vous a élue » est arrivé à ladite Blot.

« A laquelle a été fait et donné un certificat signé de nous, portant que le bon billet lui est
« échu. »

En 1594, Charles Benoise, conseiller en la Chambre des comptes, fonde un service à perpétuité dans l'église de Saint-Cloud pour le repos de l'âme de Henri III. Les marguilliers de Saint-Cloud devaient donner chaque année 12 livres de bougie aux administrateurs de l'Hôtel-Dieu chargés de veiller à l'exécution de la volonté du testateur, et qui, dans ce but, se rendaient à Saint-Cloud au nombre de trois, désignés par le bureau.

En 1611, Jean Forget, baron de Massée, président au Parlement, fait donation à l'Hôtel-Dieu d'une somme de 100,000 livres, à charge de donner chaque année 100 livres de dot à douze jeunes filles pauvres et de fournir une pension de 120 livres à deux étudiants en théologie.

En 1640, Pierre Lorton se dessaisit au profit de l'Hôtel-Dieu de dix-huit échoppes adossées au mur du palais, le long de la rivière, à charge de servir une rente annuelle de 100 livres à la fabrique de Saint-Paul.

En 1641, Gabrielle du Raynier, dame de Doré, baronne du Thour en Champagne, donne à l'Hôtel-Dieu la moitié de la baronnie du Thour et la seigneurie de Grandchamp, et plus de 100,000 livres tournois, à charge de disposer chaque année de 3,600 livres pour faire étudier six pauvres écoliers pris au Collége de Navarre et au Collége de Montaigu, et pour faire apprendre un métier à douze pauvres enfants.

Une donation de 10,000 livres, faite par Édouard Le Camus, prêtre, mérite d'être rappelée ici. Le Camus s'était réservé la rente viagère de 500 livres que représentait la somme en capital ; plus tard, les administrateurs de l'Hôtel-Dieu, du consentement du donateur, transportèrent cette rente au sieur Varillas, *à condition* qu'il continuerait son *Histoire des hérésies*.

Il faut reconnaître que ce ne fut pas là rendre un bien grand service à la science historique, car cet Antoine Varillas est resté connu et presque fameux par le peu de souci qu'il prenait de la vérité.

Pierre Le Moulnier, sieur de La Ferrière, gentilhomme de la maison du roi, inspiré d'une idée qui fut reprise plus tard par Montyon, lègue, en 1681, une rente de 300 livres pour être distribuée aux convalescents sortant de l'Hôtel-Dieu.

Nous citerons pour sa singularité la donation d'une somme de 16,000 livres faite à l'Hôtel-Dieu par François Davant, bourgeois de Paris. « François Davant, dit l'acte de donation, étant de présent prisonnier au chasteau de la Bastille, amené dans la salle ordinaire pour passer les actes par permission expresse de Sa Majesté et en présence de messire Menigne Dauvergne, chevalier, seigneur de Saint-Mars, capitaine gouverneur dudit chasteau de la Bastille, ledit Davant donne à l'Hostel-Dieu de Paris la somme de 16,000 livres, à la charge de par les administrateurs faire recevoir audit Hostel-Dieu un officier ou soldat malade servant actuellement audit chasteau de la Bastille qui sera mis seul dans un lit dans l'endroit des salles dudit Hostel des plus aérés... »

Un prisonnier qui fonde un lit d'hôpital en faveur des soldats chargés de le garder, voilà certes qui n'est pas ordinaire.

Les comptes de l'Hôtel-Dieu, magnifique collection qui s'étend, presque sans interruption, de l'année 1364 à la fin du XVIII° siècle, nous fournissent l'indication d'un très-grand nombre de donations importantes ou de simples dons ; nous en relevons ici un certain nombre, ceux surtout qui rappellent le souvenir de quelque famille considérable, soit par la naissance, soit par l'illustration que ses membres ont acquise à divers titres.

En 1371, la reine Jeanne de Bourbon donne à l'Hôtel-Dieu les tentures de sa chambre, ou, comme on disait alors « sa chambre, » qui furent vendues 120 francs d'or au comte d'Etampes.

Le sire Jean Bureau de la Rivière donne 29 livres (1369).

Le berceau du dauphin Charles (plus tard Charles VI) avait été donné à l'Hôtel-Dieu par son père, qui le fait reprendre pour la jeune Jeanne de France, et envoie en échange une somme de 16 livres (1372).

En 1377, le même roi donne 8 livres pour « le berseau de madame Ysabeau de France, par la main de damoiselle Jaqueline de Fleury. »

Marguerite, veuve d'Olivier le Dain, lègue aux pauvres 63 sols parisis (1486).

La régente Anne de Beaujeu visite l'Hôtel-Dieu et donne à la prieure 14 livres.

Guillaume Gueroult, notaire du roi au Châtelet, donne 12 douzaines de draps de lit (1496).

Philibert Gobelin, « tainturier demourant à Sainct-Marceau, » lègue 20 sols parisis (1507).

Henri Estienne, le célèbre imprimeur, donne 568 livres « pour le rachat d'une rente que Lhostel Dieu avoit droit de prendre sur une maison appartenant audit Henry Estienne, assise au cloud Bruneau » (1508).

Monseigneur Lautrec, « grant mareschal de France, » donne 10 livres (1515).

La veuve de Simon Vostre, marchand libraire, lègue par testament 80 livres (1521).

En 1522, après le funeste combat de La Bicoque, François Ier envoie aux pauvres de l'Hôtel-Dieu une somme de 200 livres tournois, « ordonnée a ce que aucuns chevaliers de son ordre qui sont allez de vie a trespas soient participans aux prieres du dict Hostel Dieu. »

En 1529, Pierre Dapestigny, receveur général de finances extraordinaires et parties casuelles du roi donne, « au nom dudit seigneur, a Lostel Dieu 100 livres tournois, afin qu'il plaise à Dieu que messeigneurs les enfans de France, prisonniers en Espaigne, puissent tost revenir en France. »

Plusieurs filles de France du nom de Marguerite, la sœur de François Ier, sa fille, la fille de Henri II, cette dernière surtout, furent de bonnes et charitables princesses ; elles firent de nombreuses libéralités aux pauvres, et, pendant de longues années, les registres des comptes de l'Hôtel-Dieu nous révèlent le secret de leurs aumônes.

En 1558, le roi envoie par son aumônier à l'Hôtel-Dieu, 10 livres « pour rendre grâce à Dieu de la victoire de la ville et chasteau de Guignes. »

En 1570, les exécuteurs du testament de « feu révérend père en Dieu, messire Phillebart Delorme, luy vivant abbé de Sainct-Siergue et chanoyne en l'église de Paris, » délivrent à l'Hôtel-Dieu un legs de 400 livres ; comme il s'agit évidemment ici de notre célèbre architecte français, il y a lieu de s'étonner que la plupart des notices biographiques qui le concernent le fassent mourir en 1577 seulement.

« Le jour des nouvelles de la victoire faicte contre le grand Turc (bataille de Lépante), lambassadeur dEspagne a envoié à Lostel Dieu quatre platz dargent que on a vendus 179 livres. » (1571.)

En 1573, le chancelier Michel de l'Hospital donne 40 livres.

En 1581, Mademoiselle Miron (sans doute la femme du prévôt des marchands, François Miron) donne 4 écus pour faire enterrer un de ses enfants dans la partie du cimetière des Innocents, qui appartenait à l'Hôtel-Dieu.

En 1587, le financier Sébastien Zamet donne à l'Hôtel-Dieu 200 écus.

Jacques Helias, « lecteur du roy en lectres grecques en lUniversité de Paris, » lègue à l'Hôtel-Dieu 10 écus (1591).

En 1602, le président Édouard Molé fait une aumône de 320 livres.

En 1610, Guillaume de Beauharnais, héritier de Jacques de Beauharnais, conseiller de l'extraordinaire des guerres, donne 250 livres.

En 1611, « noble homme, Jehan Nicot, conseiller, notaire et secretaire du roy, donne 150 livres (1).

En 1613, « messire Raymond Phelipeaux, sieur d'Herbault, et dame Claude Gobelin, son epouse, » donnent 12,000 livres.

En 1619, Pierre Hachette, bourgeois de Paris, donne 100 livres.

En 1624, Antoine Seguier, second président du Parlement, lègue par testament 12,000 livres.

En 1630, Nicolas Chevallier, chancelier de la reine et premier président de la Cour des aides, lègue à l'Hôtel-Dieu une partie de son mobilier, de la valeur de 22,000 livres.

En 1635, Omer Talon, conseiller et avocat général au Parlement, donne 500 livres.

En 1636-38, M. de Bullion, surintendant des finances, donne 15,000 livres.

La même année, le cardinal François de Larochefoucauld, donne une somme de 38,000 livres pour être employée à la construction de l'hôpital des Incurables.

En 1639, maître Cornuel, intendant des finances, mari de la célèbre madame Cornuel, laisse par testament 10,000 livres.

En 1641, mademoiselle Ladvocat envoie à l'Hôtel-Dieu 100 livres « la veille de ses espouzailles, affin d'obtenir de la bonte de Dieu la grace de vivre en son mariage avec satisfaction. »

En 1643, les entrepreneurs de la rue de Gèvres donnent 1,500 livres « pour subvenir à la necessité des pauvres de Lostel Dieu. »

En 1650, le président de Mesme fait une aumône de 20 livres.

En 1657, Charlotte de Balzac d'Entragues, veuve de François de Bassompierre, maréchal de France et ambassadeur sous Louis XIII, donne à l'Hôtel-Dieu la terre et seigneurie de Boissy Saint-Yon, qui est vendue 152,000 livres.

En 1660, François Mansard donne 500 livres; — la présidente Lecoigneux 20,000 livres.

L'année suivante, madame de Miramion, fondatrice des Miramiones, donne 2,000 livres pour l'ameublement de la salle des prêtres.

En 1662, Colbert rachète au prix de 75,000 livres la moitié de la charge de maître des requêtes qui avait été donnée à l'Hôtel-Dieu par M. D'Anglure.

En 1664, le sieur Malebranche (père du philosophe), secrétaire du roi, lègue par testament 600 livres.

En 1666, maître Louis Barboteau, conseiller du roi, lègue une somme de 15,000 livres.

Nous trouvons, en l'année 1670, la mention d'un legs considérable « des deniers estant entre les mains de maître Jacques Rillard, notaire à Paris, provenant de la succession de messire Louis Le Barbier de la Rivière, evesque, duc de Langres, pair de France, 120,000 liv.

En 1685, le garde du trésor royal verse à la caisse de l'Hôtel-Dieu 6,000 livres « pour gratifications extraordinaires faites par Sa Majesté. »

En 1688, Jacques de Saux, chevalier, comte de Tavannes, lieutenant général des armées du roi, lègue par testament la somme de 17,000 livres.

L'abbé Ménage, le Vadius des *Femmes savantes* de Molière, laisse en mourant 1,000 livres à l'Hôtel-Dieu (1692).

(1) Si, comme il est probable, il est question ici de l'ambassadeur de François II en Pologne, de celui qui introduisit en France le tabac, les biographes, en le faisant mourir en 1600, commettent une grave erreur.

En 1737, M. Goujon de Javille, intendant à Rouen, donne au nom de son père une somme de 15,000 livres.

De ces fondations, les unes étaient faites à titre entièrement gratuit; d'autres, ainsi que nous l'avons vu, à la condition de remplir des charges diverses stipulées par les donateurs, mais, comme les dépenses occasionnées par l'exécution de ces dernières volontés des testateurs restaient toujours fort au-dessous du revenu des fondations, il en résultait, en fin de compte, pour l'Hôtel-Dieu un bénéfice considérable.

Citons encore les legs universels faits au profit de l'Hôtel-Dieu par : l'abbé Antoine Arnauld de Pompone (neveu du *grand Arnauld*, le *champion de Port-Royal*) (1694); Anne de Balaine, chevalier, seigneur de Pommeraye, écuyer ordinaire de son altesse royale Madame (1715); Jean Ballesdens, conseiller et aumônier ordinaire du roi, qui, dans son testament, après divers souvenirs laissés à ses amis Mézeray, Quinault, Benserade, Perrault et l'abbé Cottin, « suplie « Monseigneur le Dauphin de voulloir accepter deux portraictz en emaille, lun de Fran- « çois Ier, qui est en quarré, et l'autre de Jeanne d'Albret, mere d'Henri IV, qui est en rond « (1672); » Jean Philippe de Berthier, abbé de Saint-Vincent de Senlis (1667); Antoine Blache, prêtre, décédé à la Bastille, où il resta enfermé plus de quatre ans « pour avoir parlé des jésuites » (1714); Bernard Potier de Blérancourt, gouverneur de Fougères (1664); Antoine de Bost, intendant de la maison du duc de Montausier et premier argentier du dauphin (1653); Eustache Bousselin, contrôleur général du marc d'or (1711); François de Callières, secrétaire du cabinet du roi, ambassadeur plénipotentiaire à la paix de Ryswick, et « l'un des 40 de l'Académie française » (1717); Christine de Heurles, femme de Claude Chahu, trésorier général de France (1); Toussaint Gorgeret, chirurgien ordinaire d'Anne d'Autriche (1670); Louis-Henri de Gondrin, archevêque de Sens, primat des Gaules et de Germanie (1674); Marie de Lorraine, duchesse de Guise et de Joyeuse (1686); Michel le Masle, chanoine et chantre de l'Eglise de Paris, secrétaire du cardinal de Richelieu (1658) (2); Jean-

---

(1) Cette dame Chahu comptait parmi les ancêtres de son mari, Jean Chahu, anobli par Philippe de Valois, dont il était le valet de chambre. Elle était en correspondance avec des personnes considérables de son temps ; dans une lettre écrite sous la dictée de la duchesse de Noailles, et datée de Fontainebleau le 1er octobre 1683, nous trouvons le récit d'une rencontre dans les Cévennes entre les troupes royales commandées par le duc de Noailles et les Huguenots, « qui n'avaient point voulu recevoir l'amnistie. Il « en demeura 100 sur la place et 13 qu'on prit. M. de Noailles en a fait pendre 12, le treizième estoit « un jeune garson catholique qui servit à pandre les autres. Il y a eu 5 dragons de tués; M. le marquis « de Castres, qui estoit au coste de M. de Noailles, a eu un cheval tué ou blessé sous luy, M. le comte « de Tessé une balle dans la forme de son chapeau. Les malheureux qui ont esté pandus sont morts « comme des désespérés, ils nont pas voulu seulement demander pardon au Roy d'avoir pris les « armes ; il y en a eu mesme qui se mettoient la corde au cou. M. de Noailles m'adjoute encore que ces « gens là sont dune si grande insolance que quoy qu'il l'et veu, il a encore de la paine à le croire et « qu'on ne sauroit s'imaginer jusqu'où cela va. J'allé hier au soir chez le Roy ne sachant rien de ce qui « estoit arrivé ; le Roy me demanda sy j'avais eu des nouvelles de M. de Noailles et comme je lui dist « que non, il me tira dans un coin de la chambre et me dist que les Uguenots lui avoient ferme le pas- « sage et l'avoient attaqué, qu'il les avoit battus, qu'il estoit très contant de ce qu'il avoit fait, etc. »

(2) On trouve dans les papiers de Michel le Masle des Roches des renseignements curieux sur l'état de la maison du cardinal de Richelieu, la désignation des personnes qui avaient leur chambre au château de Ruel, des mémoires de meubles et d'argenterie visés par Cinq-Mars. Une note d'oiseaux envoyés à Paris, à l'hôtel du cardinal, est visée en ces termes par Michel le Masle : « Monsieur de la Traversiere payez au sieur de La Forest Malvault la somme de 397 livres pour la despense qu'il a faicte a recouver les oiseaux qu'il doit porter a Paris a monseigneur le cardinal, promettant vous la faire allouer en vos

François de Trémollet de Baccelly, marquis de Montpezat, lieutenant général des armées du roi (1716); Louis-Antoine de Noailles, cardinal-archevêque de Paris (1729); le commandeur Brûlart de Sillery, premier écuyer de la reine-mère, Marie de Médicis (1640), etc.

Nous avons donné plus haut un tableau sommaire des revenus de l'Hôtel-Dieu au xve siècle. Nous terminerons ce premier chapitre en disant que, d'après un rapport adressé par le receveur général de l'Hôtel-Dieu de Paris au maire de Paris, Bailly, le total de la recette s'éleva, pour l'année 1788, à 1,405,875 livres et la dépense à 1,558,956 livres.

Dans les pages qui précèdent, nous avons passé en revue les fondations religieuses, les priviléges et les donations qui ont constitué, aux siècles passés, le domaine de l'Hôtel-Dieu; nous nous proposons maintenant de faire passer sous les yeux des lecteurs les principaux faits qui se rapportent à l'organisation intérieure et à l'administration de ce grand établissement.

L'administration de l'Hôtel-Dieu se divise en deux périodes bien distinctes : administration entièrement religieuse depuis les origines de l'hôpital jusqu'en 1505 et, à partir de cette époque, administration laïque.

Il va sans dire que nous serons très-bref pour la première de ces deux périodes; les temps sont plus reculés, c'est une raison pour que les renseignements soient moins nombreux; ils nous sont tous fournis par un document dont l'étude va nous arrêter un instant.

Nos archives ont conservé la copie, faite au xve siècle, de cette pièce dont l'original paraît s'être perdu.

Ce sont les statuts de l'Hôtel-Dieu dressés par Étienne, doyen de Notre-Dame de Paris.

Il est à remarquer que cette pièce n'est point datée, et que plusieurs Etienne furent doyens du chapitre de Paris; mais dom Félibien, s'appuyant sur ce fait que plusieurs règlements qu'on sait avoir été rédigés au temps de Philippe-Auguste pour les hôpitaux de Beauvais, de Noyon et autres offrent une grande analogie avec celui-ci, l'a attribué au doyen Etienne, qui vivait en 1217.

Comme nous n'avons aucune raison pour combattre l'opinion du savant bénédictin, nous adopterons cette date de 1217.

Voici, analysé dans ses dispositions principales, cet important document :

Deux chanoines au moins de la cathédrale seront nommés proviseurs de « nostre maison Dieu de Paris. »

Un des frères prêtres de l'Hôtel-Dieu sera établi maître de l'Hôtel-Dieu pour en avoir l'administration; il jurera obéissance et fidélité au chapitre.

Si un homme ou une femme veulent renoncer au siècle et servir les pauvres, ils en demanderont la permission aux proviseurs qui leur exposeront la règle; s'ils veulent s'y conformer, ils seront présentés par les proviseurs au chapitre, qui pourra les admettre.

Il y aura 30 frères lais, 4 prêtres, 4 clercs et 25 sœurs.

Trois des prêtres desserviront tour à tour par semaine la chapelle de l'Hôtel-Dieu; le quatrième suppléera le semainier en cas d'absence.

comptes. Faict a Brouage ce 15e jour de juillet 1531. » Ces oiseaux, d'après la quittance du sieur La Forest, étaient destinés au Roi. N'oublions pas de rappeler que Michel le Masle donna à la Faculté de médecine de Paris une somme de 30,000 livres « pour ayder a bastir de nouvelles escolles soit en la place ou sont les anciennes, ou en tel autre lieu de ceste ville de Paris que lesditz de la Faculté jugeront plus propre. »

Les frères seront tonsurés comme les templiers; les sœurs auront les cheveux coupés comme les religieuses.

Ceux ou celles qu'on recevra promettront au chapitre de garder la chasteté, de vivre sans biens propres (*sine proprio*), d'obéir aux proviseurs et au maître, et *surtout au chapitre,* et de vivre en commun selon les statuts de la maison.

Avant qu'un malade soit reçu, il se confessera et recevra la communion; après cela, on le portera au lit et on le traitera *comme le maître de la maison (quasi dominus).*

On lui donnera tous les jours à manger avant que les frères soient servis, et si la maladie est si grande qu'il faille le mettre à l'infirmerie des pauvres (*in infirmaria pauperum*), on en prendra encor un soin plus grand que des autres; on ne le laissera jamais sans garde et, de peur de rechute, on le nourrira encore sept jours à la maison après sa guérison.

Les proviseurs et le maître établiront un des frères pour avoir soin du temporel sous les ordres du maître, et il rendra compte aux proviseurs, au maître et aux frères.

Les proviseurs et le maître choisiront parmi les sœurs celle qu'ils estimeront la plus capable, et ils lui donneront le commandement sur les autres sœurs et sur les servantes.

Nous ne nous étendrons pas davantage sur ce document, le peu que nous en avons fait connaître suffira pour montrer aux lecteurs que, à cette époque, l'Hôtel-Dieu, s'il n'était pas administré directement par le chapitre de Notre-Dame, était du moins placé, comme nous dirions aujourd'hui, sous sa haute surveillance, puisque le véritable administrateur, le *maître* de l'Hôtel-Dieu (de nos jours le directeur) était à la nomination des proviseurs qui eux-mêmes, on ne l'a pas oublié, étaient pris au sein du chapitre de Notre-Dame.

Nos archives fournissent, nous l'avons dit, bien peu de renseignements sur les actes de l'ancienne administration de l'Hôtel-Dieu; ces archives, en effet, à l'exception des titres de propriété et des priviléges qui remontent au xiie siècle, ne deviennent complètes qu'à partir du xvie siècle. C'est seulement sous l'administration laïque que nous voyons s'établir des habitudes d'ordre et de régularité. Un *bureau* se constitue et les actes d'administration de ce bureau sont consignés dans des registres tenus avec le plus grand soin. Quoi qu'il en soit, nous sommes autorisés à croire que, dans les derniers temps au moins que dura l'administration religieuse, de graves abus s'étaient glissés à l'Hôtel-Dieu, et que la prospérité de ce grand établissement hospitalier allait diminuant sans cesse; nous n'en voulons d'autres preuves que les considérants de l'arrêt du Parlement du 2 mai 1505, et ce fait si décisif que, en 1504, les recettes de l'Hôtel-Dieu n'étaient que de 6,049 livres, tandis que, en 1506, l'année qui suivit la réformation de l'hôpital, elles s'élevèrent à la somme de 15,543 livres.

Voici la teneur de l'arrêt du Parlement de Paris qui vint mettre fin à une situation qui ne pouvait se prolonger davantage sans danger pour l'Hôtel-Dieu :

« Sur ce qu'il est venu a la congnoissance de la Court que en Lostel-Dieu de Paris a eu et a de present mauvais ordre tant au spirituel que temporel et mesmement en ce qui concerne les povres malades que l'on dit ny estre receuz et traictez comme il appartient. Combien que despieca ladite Court eust commis aucuns des présidens et conseillers en icelle sur le faict de la refformacion et gouvernement dudit Hostel-Dieu... pour le fait de laquelle refformacion le Roy nostre sire eust le huitieme jour de janvier dernier passé décerné ses lettres patentes adressans a certains commissaires afin de faire mettre a execution aucuns advis et deliberacions des proviseurs dudit Hostel-Dieu commis tant par le cardinal d'Amboise legat en France que par les doyens et chapitre de Paris. Et depuis eust le dict seigneur escript a la dicte Court laquelle aurait commis et depute de nouvel aucuns des présidens et conseilliers en icelle pour parler et communiquer avec lesdicts proviseurs et les prevost des marchands et echevins de ceste ville de Paris touchant le faict de la dite refformacion lesquels proviseurs avaient baille certain advis par escript et entres choses touchant le temporel dicelluy Hostel-Dieu et ce que lesdicts prevost des marchands et eschevins nommassent et eleussent aucuns bourgeois et marchans de ladicte ville pour estre commis a gouverner et administrer ledict temporel et y donner bon ordre et commectre ung ou plusieurs receveurs pour recevoir le revenu dudict Hostel-Dieu pour en rendre compte selon et en suivant les articles cy apres declarez lesquels prevost des marchands et eschevins eussent nommez et eslus pour avoir ledict gouvernement et commission dudict temporel les personnes dont les noms et surnoms sensuivent; c'est assavoir Gehan le gendre ; maistre Iherosme de Marle ; François Cousinot ; Henry le Begue ; Estienne Huvé ; Jehan Baudin ; Guillaume le Caron ; Millet Lombart ; Bourgeois de Paris. »

Le salut de l'Hôtel-Dieu était désormais assuré. Au lieu d'une administration de religieux exerçant sans contrôle de doubles attributions peu conciliables entre elles, huit bourgeois de Paris prennent en mains la direction de ce vaste établissement. Il n'y aura plus désormais de confusion possible entre les intérêts spirituels et temporels des malades. Conservateurs attentifs du bien des pauvres, les administrateurs laïques laisseront le chapitre de Notre-Dame veiller comme par le passé aux intérêts religieux des malades, mais ils repousseront avec énergie et toujours victorieusement toutes les entreprises qui seront tentées contre leurs attributions temporelles.

Le Parlement de Paris dont les chefs devaient plus tard, ainsi que nous le verrons tout à l'heure, devenir membres de droit du Bureau, a pris l'Hôtel-Dieu sous sa puissante protection, et nous le voyons dès lors intervenir dans toutes les affaires importantes qui le concernent.

Le 10 septembre 1535, un arrêt du Parlement désigne, pour visiter et réformer l'Hôtel-Dieu, Jacques Merlin et Jean Berthoul, chanoines de Notre-Dame, qui devaient prendre les conseils de l'abbé de Saint-Victor, du prieur de Saint-Lazare, de Germain de Marle et de Robert Lelièvre (ces deux derniers administrateurs laïques).

Il résulta des travaux de ces commissaires de nouveaux statuts qui réglementèrent le nombre des religieux et des religieuses, la réception, la nourriture et l'entretien des malades.

Voici, en ce qui concerne le service des malades, quelques détails extraits de ce document :

« Avant que aucun mallade soit homme ou femme soit receu il confessera ses peches au prebtre a ce deputte.

« La religieuse qui aura la charge de recepvoir et colloquer les malades se donnera souverainement de garde de coucher ung mallade qui nest point infecte de peste ou aultre malladie contagieuse avecques ceulx qui en sont infectez et semblablement que elle ne mecte ung mallade de peste avec ceulx qui n'en sont point mallades et aussi que elle ne mecte ung mallade venu de nouveau au lict d'un trespasse que devant elle ait nectoye et purge le lict et que elle laict bien honnestement dispose et quelle y ait mis des draps blancs.

« Si aucuns des mallades gisans en la maison vient de ligiere malladie a fort griefve mais ladie il sera oste de la commune compaignie des mallades de lofficine en laquelle il avoit este mis et sera mis en lenfermerie des griefvement mallades.

« Quant les mallades decederont de ce monde leur sera prepare le cierge benist allume avec la croy et eaue benoiste affin que les mallades passans de ce siecle soient provocques prendre les armes de la chevallerie et deffence chrestienne contre les malices spirituelles des ennemys du salut.

« Ung chacun mallade aura pour sa pitance un morceau de mouton dont il y aura cinquante telz en ung mouton de moyenne sorte et si les mallades demandent du beuf ou autre grosse chair alors en sera baille a ceulx qui lauront demande a lequivalensce desdits morceaulx de mouton. Les mallades qui labeureront en griefve malladie auront au dimanche mardy et jeudy pitance de veau ou volailles pour leur recreation et substantation et se iceux mallades ne peuvent menger de chair les officieres chevetaines leur fairont quelques brouetz a humer ou quelque couliz dicelle chair.

« Et seront interrogez les mallades sils ayment mieulx de la chair boulye ou rostie et aux jours de poisson il leur sera pourveu du petit poisson frix.

« A chascun mallade sera baille tant a disner que a soupper demyon de vin entier et sain et au desieuner la moictie de demyon et aux griefvement mallades sera pourveu de meilleur vin.

« Et quand les mallades auront receu sante competante ilz seront substentez par sept jours en la maison et ce faict ils seront renvoiez a lhospital du Sainct Esperit avec le tesmoignaige du maistre de cest Hostel Dieu.

« Il y aura ung medecin deputte qui visitera les sœurs filles et paouvres. Par semblable sera pourveu dun cirurgien. »

Nous avons vu que l'arrêt du Parlement de l'an 1505 constitua le bureau de l'Hôtel-Dieu.

Nous dirons quelques mots de ce *bureau* et du personnel médical (médecins et chirurgiens).

Composé à l'origine de simples bourgeois de Paris, le bureau de l'Hôtel-Dieu ne tarda pas à recruter des membres dans les classes les plus élevées de la Société. L'usage s'établit bientôt d'appeler à en faire partie les chefs de la magistrature et de la municipalité.

En 1690, des lettres patentes de Louis XIV ne firent que donner force de loi à cet usage en ordonnant que la principale direction de l'Hôtel-Dieu appartiendrait à l'archevêque de Paris, aux premiers présidents du Parlement, de la Chambre des comptes et de la Cour des aides, au lieutenant de police et au prévôt des marchands.

Voici dans quelle forme se faisait l'élection d'un administrateur :

Le Bureau nommait trois personnes ; leurs noms étaient écrits dans une lettre qu'un membre de la Compagnie portait au Prévôt des marchands, lequel priait le Premier président de choisir parmi les trois candidats.

Un fois nommé, le nouvel administrateur, accompagné d'un des membres du Bureau, allait faire visite chez tous ses collègues, laissant un billet chez ceux qu'il ne rencontrait pas, à l'exception du Premier président, du Procureur général et du Prévôt des marchands, qu'il devait toujours voir en personne. Cette visite faite, le Prévôt des marchands et les échevins se rendaient au Palais, avant la petite audience de la Grande Chambre ou entre les deux audiences, pour y présenter le nouvel administrateur à l'effet d'y prêter le serment d'usage.

Le serment prêté, on expédiait l'arrêt, après quoi le nouveau membre venait prendre place au Bureau, à la suite du dernier administrateur reçu.

On conçoit aisément que les choses se faisaient avec plus d'étiquette et de cérémonie lorsqu'il s'agissait de remplacer au Bureau le Premier président, soit qu'il fût décédé, soit qu'il eût pris les sceaux.

Écoutons à cet égard le récit qui nous est fait, par le greffier de l'Hôtel-Dieu, de la réception, en 1653, du Premier président de Bellièvre :

« Le XXIIIe jour du mois d'avril sept heures du matin Messieurs Depois, Pietre, Delahaye, Cramoisy, Robineau, Sainctot, Perichon et Le Conte, se rendirent au Pallais, devant la porte de la Grande Chambre et tost apres arriverent Messieurs le prevost des marchans et eschevins avec le greffier qui entrerent au parquet de Messieurs les gens du Roy, où ilz furent suiviz par les sieurs administrateurs, et après avoir attendu quelque temps arriva Monsieur le procureur general, lequel advertit la cour que lesdits sieurs prevost des marchans et eschevins estoient au parquet des huissiers qui demandoient a entrer. Ce quayant fait lesdits sieurs prevost des marchans et eschevins advertis par ung greffier entrerent en la Grande Chambre, se rangèrent au barreau du costé du greffe, lors Monsieur le prevost des marchans dit à la court que la charge dadministrateur de lHostel Dieu de Paris que avoit jusqualors exerce monseigneur Molé garde des sceaux de France estant passee en la personne de monseigneur de Bellièvre premier président du Parlement ilz estoient venus suplier la cour de le recevoir en prestant par luy le serment ordinaire monseigneur le president de Longueil qui presidoit a la Compagnie feit signe a ung greffier dadvertir ledit seigneur premier president qui sestoit retyré au greffe quil pouvoit entrer aussitot il sortit du greffe avec sa robe rouge entra en la Grande Chambre le bonnet a la main suivy de Monsieur le procureur general qui passa oultre et se retyra au parquet et luy seul sestant rangé au milieu du barreau du coste de la cheminee monseigneur le president de Longueil luy dit que la cour avoit ordonne qu'il seroit receu en la charge dadministrateur de lHostel Dieu en faisant par luy le serment en tel cas requis et acoustume et ayant leve la main mondit seigneur le president de Longueil luy dit vous jurez et promettez de bien et charitablement servir les pauvres a quoy ayant respondu quouy et salue la cour il sortit du barreau et reprit sa place de premier president et ensuite lesdits sieurs prevost des marchans et eschevins et administrateurs se retyrerent. »

Le nombre des administrateurs bourgeois de l'Hôtel-Dieu n'était d'abord que de huit ; mais l'Hôtel-Dieu s'était agrandi, ses revenus avaient pris de l'accroissement, plusieurs établissements charitables lui avaient été annexés et placés sous la direction de ses administrateurs ; aussi, par arrêt du Parlement du 3 mars 1654, le nombre de ceux-ci fut augmenté, porté à douze, et plus tard, en 1688, à quatorze.

Les séances du bureau avaient lieu deux fois par semaine, le mercredi et le vendredi, et duraient de neuf heures à midi ; une prière dite par le président de l'assemblée ouvrait et fermait chaque séance. En cas de peste à l'Hôtel-Dieu, les séances se tenaient chez l'un des administrateurs ; de plus, et à partir de 1690, une assemblée extraordinaire avait lieu tous les quinze jours à l'archevêché.

Nous avons hâte de passer à un ordre de choses qui intéressera sans doute davantage les lecteurs de l'UNION MÉDICALE ; toutefois, nous ne prendrons pas congé de ces dignes administrateurs de l'Hôtel-Dieu, qui remplirent jusqu'en 1791 leur mission de dévouement et de charité, sans payer à leur mémoire un juste tribut de reconnaissance.

Parmi eux, il est des noms illustres qui appartiennent à l'histoire de notre pays, les Molé, les Noailles, les Joly de Fleury, les Trudaine, les d'Argenson, les Turgot, les Nicolaï, les Cochin, les Lamoignon, les Berryer, et tant d'autres encore ; mais, à côté d'eux, nous rencontrons de simples bourgeois de Paris, des avocats, des notaires, tous gens ayant joui de leur vivant de la considération publique, et qui consacrèrent aux pauvres et aux malades leur temps et leurs lumières ; espérons que ces noms ne resteront pas toujours ignorés, et qu'un jour quelque histoire générale de l'Hôtel-Dieu les fera revivre.

Médecins de l'Hôtel-Dieu. — C'est dans les comptes de l'Hôtel-Dieu, au registre de l'année 1446, que nous trouvons pour la première fois la mention d'un médecin attaché à l'Hôtel-Dieu, « a maistre Anguerran de Parenti medecin pour sa pencion de ceste annee pour visiter les freres seurs filles et gens de ceans VIII livres. »

Dans le compte de 1507, « a maistre Guillaume Forget docteur en medecine a Paris XX livres tournois par an. » Nous empruntons ensuite à la collection des registres de délibérations du Bureau de l'Hôtel-Dieu nos renseignements en ce qui concerne les médecins.

En 1536, *Mathurin Tabouet.* « Ce dit jour a este convenu a maistre Mathurin Tabouet licencie en medecine de veoir et visiter doresenavant tous et chascuns les pouvres mallades qui sont et viendront cy apres oudit Hostel Dieu *une fois ou deux* toutes les sepmaines et ainsy quil sera requiz par le maistre dudict Hostel Dieu pour lesdictes visitations faictes mectre hors ceulx qui nont point besoing destre pensez auquel Tabouet mesdits sieurs ont ordonne par chacun an quarente livres tournois de gages. »

En 1537, Jean Guydo, docteur régent de la Faculté de médecine, est nommé médecin « pour visiter les mallades ensemble les drogues de lappoticairerie auquel Guydo a este ordonne pour ses sallaires la somme de *soixante livres.* »

En 1540, ces *gages* sont portés à 100 livres.

En 1546, Jean Guydo, décédé, est remplacé par *Jean Levasseur*, « docteur en medecine aux gaiges que avoit feu Guydo qui sont de cent livres tournois par an. » Le traitement est le même ; mais au lieu de deux visites par semaine, c'est trois qu'il devra faire « hors le temps de peste. »

Voilà qui est singulier et qui mérite assurément d'être noté : Le médecin de l'Hôtel-Dieu dispensé de faire ses visites en temps de peste, c'est-à-dire quand son assistance était le plus nécessaire. Mais passons, nous verrons d'autres choses au chapitre des *faits médicaux*, et bien autrement singulières.

Nous poursuivons dans l'ordre chronologique l'énumération des médecins.

En 1562, *Philippe Alain.*

En 1568, *Simon Malmedy*, docteur régent, en remplacement d'Alain ; son traitement est porté à 120 livres.

En 1569, *Nicolas Legros*, en l'absence de Malmedy.

En 1573, *Robert Groson*, docteur régent « a la charge de visiter les malades tous les jours de continue. » Ses gages sont portés à 150 livres.

Cette même année 1573, *Jacques Maran*, docteur régent en remplacement de Robert Groson, décédé, ses gages sont d'abord réduits à 120 livres, mais, quelques années plus tard, on les porte à 160 livres.

En 1585, *Philippe Hardouin de Saint-Jacques*, qui jouissait sans doute d'une assez grande réputation, car on porte exceptionnellement pour lui le traitement à 400 livres.

En 1594, *Jacques Lescripvain*, docteur régent ; il est élu par la Faculté de médecine, et son traitement fixé à 200 livres.

En 1596, *Pierre Paulmier*, licencié en médecine, présenté par la Faculté.

En 1597, *Antoine Bernier*, traitement 240 livres.

En 1601, *Simon Bazin*, docteur régent, 240 livres.

En 1614, le nombre des malades de l'Hôtel-Dieu s'étant accru considérablement, le Bureau « accorda audit sieur Bazin la somme de 600 livres de gaiges par chacun an au lieu de 300 quil soulloit avoir a la charge quil servira lesdits pauvres assiduellement quatre heures par chacun jour de lannee jusques a ce quaultrement en ayt este ordonne. »

En 1616, *Francière*, docteur en médecine, remplace Simon Bazin dans sa charge de médecin de l'Hôtel-Dieu, et voici dans quelles circonstances. Les membres du Bureau ayant été amenés à penser qu'il serait bon d'avoir un médecin résidant à l'Hôtel-Dieu et qui donnerait tout son temps aux malades, ils proposèrent à Simon Bazin, dont ils appréciaient d'ailleurs les bons services, de venir loger à l'hôpital, et lui offrirent, s'il voulait abandonner sa clientèle civile, quelque compensation. Bazin ne trouva sans doute pas la compensation suffisante, car il refusa. C'est alors que Francière fut nommé, dans l'espoir, dit la délibération du Bureau, « quil seroit fort propre pour ledict Hostel Dieu naiant femme ni enfants et au reste aiant les conditions qui se peuvent desirer en ung medecin. » Francière avait le vivre et le couvert à l'hôpital et recevait 600 livres.

En 1619, *le sieur Moreau*; traitement 1,200 livres, sans nourriture ni logement.

Jusqu'en 1636 il ne paraît pas qu'il y ait eu plus d'un médecin à l'Hôtel-Dieu. Le sieur Moreau suffisait seul au traitement des malades; à cette date nous voyons qu'il lui est adjoint un *médecin expectant*, le *sieur Denyau*, qui ne touchait aucun traitement, et n'avait même ni le logement ni la nourriture.

En 1638, par une délibération du 10 décembre, le Bureau décide « quil y aura dores en avant trois medecins savoir messieurs *Moreau, Ferrand* et *Cappon*. » Le traitement de chaque médecin est fixé à 600 livres.

En 1639, le sieur *Dupré* remplace le sieur Ferrand.

En 1648, Dupré nommé médecin de M. le Prince (le grand Condé), est remplacé à l'Hôtel-Dieu par le fils du médecin ordinaire Moreau.

Vers la fin de l'année 1651, le nombre des malades de l'Hôtel-Dieu étant de 2,200 (il y avait peste à l'hôpital), le doyen de la Faculté, Guy Patin, réunit les docteurs en médecine et leur fait connaître l'impossibilité où sont les trois médecins de l'Hôtel-Dieu de soigner un nombre aussi considérable de malades; quatre docteurs en médecine offrent gratuitement leurs services.

En 1654, les médecins ordinaires étaient au nombre de 4, les sieurs Cappon, Moreau jeune,

Delaunay et *de Bourges*. Nous voyons, de plus, que des médecins du dehors continuaient depuis 1651 à rendre des services gratuits; c'étaient les *médecins charitables*.

Mais, hélas! des conflits ne tardent pas à s'élever entre les uns et les autres. Étrange contradiction de l'homme avec lui-même! Faire preuve d'un véritable dévouement et en même temps ne point savoir imposer silence à l'amour-propre blessé!

Les médecins charitables réclamaient certaines prérogatives contre lesquelles protestaient les médecins ordinaires. Le Bureau met fin à ce conflit par sa délibération du 14 mai 1655 qui porte « quen toutes les choses de l'Hostel Dieu qui dependront du ministere des medecins les *non gagez* seront appellez aussi bien que les gagez, que les ordonnance seront signees de tous indifferemment et que neantmoins sans tirer a consequence lordonnance mise sur le bureau qui nest signe que des medecins gagez passera pour cette fois seulement. »

Le 20 octobre 1656, un règlement du Bureau fixe le nombre des médecins ordinaires à 4 et le traitement des deux derniers reçus à 300 livres. Notons en passant, à la date du 9 avril 1659, cette circonstance singulière que les médecins de l'Hôtel-Dieu ne faisaient point leur visite le jour de Pâques, — observation évidemment par trop scrupuleuse des prescriptions du culte — le Bureau dut prendre une délibération pour « prier lesdits sieurs medecins de faire leurs visites le jour de Pasques aux heures et en la maniere acoustumee. »

En 1661, le nombre des medecins est fixé à 7, 1 pour les prêtres, les religieuses et les officiers, traitement 300 livres, et les 6 autres pour les malades, traitement 600 livres.

Les sieurs *de Garbe* et *de Sartes* sont nommés médecins en conséquence de cette délibération.

En 1666 (délibération du 10 décembre), les sieurs *Thevart* et *Perreau*, en remplacement de Cappon et de Delaunay. Ce dernier reçoit une pension de 300 livres.

En même temps, le célèbre *Fagon* est nommé médecin surnuméraire. Voici en quels termes s'exprime le Bureau sur ce personnage: « Attendu les bonnes qualitez du sieur Fagon temoignees par plusieurs savans medecins et dailleurs tres connues au public quoiquil ny ait que peu quil ait prit le bonnet de docteur la compagnie a arreste quil sera receu septième medecin de l'Hostel Dieu surnumeraire et sans gages attendant quil y ait une place vacante des six qui ont gages, qu'il remplira sans autre deliberation. » Mais le futur premier médecin de Louis XIV ne devait faire que passer à l'Hôtel-Dieu; l'année qui suivit sa nomination il acheta une charge de médecin ordinaire du commun de la Reine et quitta l'Hôtel-Dieu.

En 1670, le sieur *de Bourges jeune* est nommé en remplacement de de Sartes, décédé.

En 1671, le sieur *Brisset* remplace le sieur Moreau, nommé médecin des religieuses, sorte de retraite qui le dispensait de visiter les malades.

Cette même année 1671, le Bureau décide que les médecins ne seraient plus nommés que pour un an, « afin de les changer sans peine sils ne servoient pas bien ou les continuer si on estoit satisfait de leurs services et neantmoins le choix quon aura ainsi fait dun autre nempeschera pas quapres lannee expiree de service dudit nouveau medecin le precedant ne puisse estre admis de rechef. »

En conformité de cette décision du Bureau, le sieur *Mattot* est nommé pour un an au lieu et place du sieur Perreau, décédé.

Ce système de changer tous les ans les médecins avait pour avantage de satisfaire un plus grand nombre de légitimes ambitions, mais il est douteux que le bien des malades fût par là mieux assuré, et nous voyons bientôt (en 1675) le Bureau faire une tentative pour revenir à la pratique anciennement usitée; mais l'influence du premier président Lamoignon, qui présidait le Bureau, fit maintenir la décision du 16 août 1671. Aussi, pourrions-nous avoir, jusqu'à la fin du xviie siècle une nomination à enregistrer presque pour chaque année.

En 1672, *Paul Mattot.*

En 1673, le sieur *Lelong.*

En 1674, les sieurs *Rainsant, Menestrel* et *Lamy.* Ce dernier s'était acquis une assez grande réputation, et ses visites à l'Hôtel-Dieu étaient suivies par un si grand nombre de personnes qu'il en résulta quelque trouble.

Le Bureau se vit dans la nécessité d'y mettre ordre par sa délibération du 17 septembre 1677. « M. Accart a dit quil a receu des plaintes de lincomodite quaporte a lHostel Dieu un grand nombre de personnes qui accompagnent le Sr Lamy quand il fait ses visites et que dernierement il y eut un desmesle entre lui et un medecin de la Faculté de Montpellier qui est en ce dit Paris qui estoit venu a lHostel Dieu voir un malade etrange quil avoit assiste lorsquil estoit prisonier au chasteau de Vincennes sur quoi la Compagnie a areste que les medecins de lHostel Dieu ne permetront destre acompagnez en leurs vizites que de 3 ou 4 persones au plus qui se contenteront de voir et ecouter sans interrompre le cours de la vizite. »

En 1678, les sieurs Lamy (pour la seconde fois), *Lombard* et *Ozon.*

En 1681, Moreau fils remplace auprès des religieuses son père, nommé médecin du Dauphin.

En 1682, le sieur *Morin*, en remplacement de Lamy, décédé.

En 1683, le sieur *Enguehart*, en remplacement d'Ozon.

En 1684, *de Garbe* fils est autorisé à suppléer son père.

En 1687, le sieur *Afforty* est reçu médecin expectant.

En 1689, de Garbe père se retire après vingt-neuf années de service; il reçoit une pension de 400 livres, et il est remplacé par le sieur *Emmerez*, médecin de Saint-Louis.

En 1698, nomination du sieur *Doye.*

Cette même année, nous voyons exprimer pour la première fois une idée qui renferme comme en germe celle de la mise au concours des places de médecins (délibération du 31 mai 1698). « Monseigneur le Premier president a dit quil estoit a propos dapporter à lavenir plus de precaution encore que par le passé dans la réception des medecins afin davoir les plus experimentez et que pour cela lorsquil y aura une place a remplir il estoit necessaire de proposer plusieurs des meilleurs sujets et de choisir et nommer celuy dentre eux qui sera estimé le plus capable. »

En 1699, Afforty pour la seconde fois.

En 1702, nous voyons *Tournefort* alors âgé de 46 ans, et déjà célèbre depuis longtemps, successeur de Fagon comme professeur de botanique au Jardin du Roi, briguer l'honneur de faire partie du corps médical de l'Hôtel-Dieu. Voici la délibération du Bureau qui le concerne :

« Monseigneur le premier président ayant proposé le sieur de Tournefort docteur en medecine de la Faculté de cette ville et professeur de botanique au Jardin royal des Plantes dont le merite et lhabileté sont si connus pour estre medecin a lHostel Dieu la compagnie la agree et receu pour remplir la seconde place de medecin ordinaire qui viendra a vaquer mais quen attendant il sera obligé de faire gratuitement la visite des malades de l'hospital des Incurables même de ceux de lHostel Dieu lorsquil y aura lun des medecins ordinaires malade (2 décembre 1702). » En 1708 Tournefort mourut; il n'était encore que médecin expectant à l'Hôtel-Dieu, mais il recevait un traitement de 200 livres comme médecin ordinaire des Incurables.

En 1710, quatre nouveaux médecins expectants sont nommés à l'Hôtel-Dieu, « en considération du nombre extraordinaire des malades, » ce sont les sieurs *Lemery, Herment, Fontaine* et *Chomel*; on sait que ce dernier fut associé aux travaux de Tournefort sur la botanique et qu'il devint plus tard doyen de la Faculté de médecine.

En 1714, le sieur *Bompart* remplace le sieur de Bourges.

En 1715, Herment est nommé médecin ordinaire en remplacement du sieur Morin, décédé.

En 1718, *Afforty fils* est nommé médecin expectant en remplacement de Lemery, promu médecin ordinaire.

En 1720, le sieur Emmerez, après trente-huit ans de services, demande et obtient que son fils lui soit adjoint en qualité de médecin expectant.

Cette même année 1720, le sieur Fontaine, médecin expectant, est nommé septième médecin ordinaire, « a cause des nouvelles salles. »

En 1721, Afforty fils remplace le sieur Doye comme médecin ordinaire.

Cette même année, le Bureau décide que le nombre des médecins expectants serait porté à sept; il devait donc y en avoir autant que de médecins titulaires. Cette mesure était parfaitement justifiée par l'affluence considérable des malades, car nous voyons par cette même délibération que « chacun des medecins ordinaires avait plus de 300 malades dans leur département. »

Les sieurs *Lemoyne, Bailly, De la Hire, Bertrand* et *Séron* sont, en conséquence de cette décision, nommés médecins expectants.

Nous devons nous arrêter un instant à l'année 1735, qui n'est pas sans importance pour l'histoire médicale de l'Hôtel-Dieu; cette année là, en effet, plusieurs questions intéressantes furent discutées au Bureau; d'abord celle de savoir s'il ne conviendrait pas d'avoir un ou plusieurs médecins résidant à l'Hôtel-Dieu qui renonceraient, moyennant un traitement suffisamment élevé, à tout exercice de leur profession au dehors, mais cette question parut de si grande conséquence qu'elle ne fut point décidée et qu'on la réserva. Depuis la fin du xviie siècle on avait abandonné le système qu'avait fait prévaloir M. de Lamoignon de remplacer chaque année le médecin en exercice, et la nomination des médecins était faite pour un temps indéterminé; ce point mis en discussion, il fut résolu qu'on ne changerait rien à ce qui existait à cet égard.

Il fut arrêté, en outre, que les visites se feraient, en été, à sept heures au plus tard et, en hiver, à huit heures; que ces visites dureraient deux heures au moins; que les appointements seraient au minimum de 600 livres, et au maximum de 1,000 livres : « Quoique lhonneur et la charité jointes a linterest de sinstruire soient dassez puissants motifs pour exciter le zele des medecins; » que le nombre des médecins expectants resterait fixé à sept; que chacun d'eux ferait le matin la visite avec le médecin ordinaire, et ferait le soir une seconde visite des malades qu'il aurait vus le matin ; que les sept médecins ordinaires et les sept expectants s'assembleraient une fois par mois, à jour et à heure fixes, et « quils reuniroient en commun toutes les observations quils auraient faites journellement par ecrit des faits maladies et guerisons singulieres quils auraient reconnues dans lHostel Dieu desquelles observations un des expectans fera la redaction en langue française pour etre remise au Bureau et y etre statue ce quil appartiendrait (1). » On remplit le cadre des médecins expectants en nommant les sieurs *Col de Vilars, Peaget, Bourdelin, Lehoc, Hunaud, Fontaine* et *Bellot*, « tous docteurs de la Faculté de medecine ou agrees a icelle ; » chacun d'eux devint plus tard médecin ordinaire.

En 1749, le sieur *Baron*, médecin expectant.

En 1750, les sieurs *Chomel* et *De Jean.*

En 1753, le sieur *Belletête*, « médecin de la Faculté de Paris dont on a rendu bon témoignage. »

En 1754, le sieur *Bercher.*

En 1755, le sieur *Payen* (2).

En 1756, le sieur *Majault.*

En 1762, le sieur *Doucet.*

En 1769, les sieurs Bercher (pour la deuxième fois) et *Marcelin.*

En 1772, les sieurs *Montabourg* et *Danié des Patureaux.*

En 1773, le sieur Bercher, qui était médecin résidant, est nommé inspecteur général de l'Hôtel-Dieu et de l'hôpital Saint-Louis.

En 1777, les sieurs *Solier de la Romillaye* et *Mallet* sont nommés l'un médecin ordinaire et l'autre médecin expectant.

Depuis le grand incendie de 1772, et le remaniement des salles et des services qui en avait été la conséquence, le nombre de sept médecins ordinaires était devenu insuffisant ; les médecins se plaignaient, disant, dans leur mémoire adressé en 1781 au Bureau : « Si nous avons fait des victimes, notre conscience ne nous reproche rien, puisque nous n'avons pas omis de faire nos remontrances sur l'inconvénient de n'avoir pas une suffisante quantité de médecins

---

(1) Cette décision du Bureau semble être restée toujours en vigueur. En 1779, le sieur Majault, médecin de l'Hôtel-Dieu, fut autorisé par le Bureau à faire imprimer à 300 exemplaires et à distribuer des *observations* qu'il avait lues à l'assemblée des médecins. Nos archives n'ont pas conservé la moindre trace de ces *lectures* qui offriraient cependant aujourd'hui tant d'intérêt.

(2) *Nil novi sub sole.* Celui qui sollicite une place croirait, quel que soit son mérite, manquer de prudence si, à l'appui de sa demande, il ne faisait quelques démarches, quelques visites. Les docteurs de la Faculté qui sollicitaient la place de médecin de l'Hôtel-Dieu faisaient, eux aussi, des visites aux membres du Bureau. Les archives de l'Assistance publique ont conservé, en petit nombre, les billets que laissaient ces candidats chez ceux des administrateurs qu'ils ne rencontraient pas chez eux. Dans le même dossier se trouve une lettre de Payen qui fait honneur à son caractère et dont nous reproduisons un passage. « Après dix huit ans de doctorat j'avouerai franchement que les démarches qu'il est d'usage de faire en pareil cas me couteroient trop pour my conformer. Et c'est ce qui a toujours fait mon éloignement pour cette place trouvant de la témérité a espèrer qu'on voulut bien men dispenser. » — A M. le docteur Lowy, rue Saint-Jean de Beauvais.

Il faut croire que Payen fut nommé — sans visites !

pour le service régulier de l'Hôtel-Dieu. » On nomma un huitième médecin ordinaire qui fut le sieur *Duhaume.*

En 1782, le sieur *Levacher de la Feutrie* est nommé médecin expectant. Les derniers noms de médecins que nous fournissent les délibérations du Bureau sont :

En 1784, le sieur *Millin de la Courvault.*

En 1788, le sieur *Bosquillon.*

Des chirurgiens. — Médecins et chirurgiens ont fait longtemps assez mauvais ménage, mais aujourd'hui la science les a pour toujours réconciliés et réunis ; si nous avons cru devoir les diviser de nouveau dans cette notice, c'est uniquement dans un but de méthode et de clarté, et si même nous avons commencé par les médecins, les chirurgiens voudront bien nous le pardonner en considérant qu'aux temps anciens dont nous nous occupons, ils étaient encore sous la tutelle des médecins, qui firent bien, il faut le dire, tout ce qu'ils purent pour retarder leur émancipation ; mais, par un juste retour des choses d'ici-bas, ne semble-t-il pas qu'en ce siècle les chirurgiens aient le pas sur les médecins ? Cela dit, nous allons exhumer de nos archives les noms des anciens chirurgiens de l'Hôtel-Dieu.

Le plus ancien dont nous rencontrons le nom dans les registres des délibérations du Bureau est un nommé *Barbas* (1), qui eut pour successeur, en 1539, *Jacques le Normand.* « Ce jourdhuy Messieurs ont retenu Jaqot le Normant pour servir de cirurgien a lHostel Dieu de Paris ou lieu de George Barbas et faire toutes autres choses necessaires comme ses predecesseurs aux gaiges de 30 livres tourn. par chascun an. »

En 1540, *Jean de May,* présenté par Jean Guydo, le médecin de l'Hôtel-Dieu, et par Gilles Desbruyères, chirurgien juré.

Dès l'année 1561, deux garçons chirurgiens sont adjoints au maître chirurgien.

En 1562, *Vincent Hamelin.*

En 1568, *Barthélemy Delaistre;* traitement : 180 livres, « tant pour luy que pour ses serviteurs. »

Il faut remarquer que, dès l'année 1572, le chirurgien et ses aides visitaient les malades *deux fois par jour ;* une délibération du Bureau du 21 mai 1572 porte, en effet, « quil leur sera baille une chopine de vin et une miche bise au matin avec un pied de mouton pour ledit Delaistre et une autre chopine de vin et une miche bize au soir quand ilz iront pareillement penser les mallades. »

En 1584, le nombre des garçons chirurgiens est porté à 4.

En 1585, il est fait mention pour la première fois d'un chirurgien *gagnant maîtrise.*

En 1587, *Claude Cousturier,* maître barbier, chirurgien à Paris et chirurgien de l'Hôtel-Dieu, présente pour le remplacer *Etienne Guérin.*

Cette même année, le Bureau s'engage à faire recevoir les garçons chirurgiens maîtres chirurgiens par le Parlement, après trois années de services à l'Hôtel-Dieu (plus tard il fallut un stage de six ans). Les maîtres chirurgiens combattirent vivement cet avantage fait aux garçons chirurgiens de l'Hôtel-Dieu. En 1596, un procès s'engagea à propos de Vincent Hamelin, fils

(1) Avant Barbas, on trouve, non plus dans les registres des délibérations, mais dans les comptes, les noms de Pierre Malaisie (1446), Robert Charlot (1517), traitement XXX livres, Vincent Coincterel (1526).

de l'ancien chirurgien ; le Bureau obtint du Parlement un arrêt qui nommait ledit Hamelin maître chirurgien ; il fallut, pour vaincre la résistance de la corporation des chirurgiens, lui faire signifier cet arrêt.

En 1598, *Laurent Guérin* est reçu chirurgien de l'Hôtel-Dieu au traitement de 200 livres.

Cette nomination ne se fit pas sans difficulté ; on disait le candidat d'une complète ignorance, et on blâmait le Bureau d'un tel choix. Sur la demande des administrateurs, trois médecins et trois chirurgiens de la ville furent commis par arrêt du Parlement pour examiner Guérin, qui, parait-il, s'en tira à son honneur, puisqu'il fut nommé.

En 1603, *Pierre Corbilly*, compagnon barbier et chirurgien, remplace Laurent Guérin en qualité de chirurgien de l'Hôtel-Dieu.

En 1605, le Bureau décide « que le chirurgien doresenavant appellera le medecin avec luy pour voir toutes les incisions, trous et operations de chirurgie qui se feront au dedans dudit Hostel-Dieu. »

En 1606, la peste était à l'Hôtel-Dieu, les administrateurs ne tenaient plus leurs séances à l'hôpital, mais au logis de l'un d'eux, le sieur D'Aubray, ce qui était d'un mauvais exemple ; aussi voyons-nous le maître barbier Corbilly refuser de soigner les pestiférés, « parce que le danger est tout notoire et quil nentend se mectre au hazard de penser lesdits mallades. »

Corbilly est destitué et remplacé par *Jean Bonnet*.

Bonnet ne faisait point partie de la corporation des maîtres chirurgiens de Paris ; il n'était, ainsi d'ailleurs que ses prédécesseurs, qu'un simple garçon chirurgien ; en 1605, le Bureau sollicite pour lui du Parlement l'autorisation de mettre à son enseigne les images de saint Côme et de saint Damien, avec trois boites, comme les autres chirurgiens de la ville.

En 1625, *Jehan Millot*, compagnon barbier chirurgien, est examiné au Bureau par deux médecins, deux chirurgiens et deux barbiers ; il est reçu chirurgien en remplacement de Bonnet ; il reçoit 200 livres de traitement et est logé dans une des maisons de l'Hôtel-Dieu. « A la charge de compter par chacun jour les mallades dudict Hostel-Dieu et a la fin de six annees de services promectent faire recevoir ledict Millot maistre chirurgien barbier ou maistre chirurgien de longue robbe sans quavant ledit temps de six ans ledict Millot puisse prendre ladicte qualitté ny se puisse faire recevoir a ladicte maistrise. »

En 1642, le sieur *Haran* est reçu maître chirurgien à la suite de l'examen accoutumé.

Haran était sans doute plus instruit et plus capable que la plupart des compagnons chirurgiens ; car nous le voyons, par délibération expresse du Bureau (1643, 6 mars), autorisé « a accoucher les femmes grosses et aussy a tailler les mallades de la pierre en la presence touteffois des maistres operateurs en cet art. »

En 1648, *Gaspard Gonyn* remplace le sieur Haran ; c'est le dernier chirurgien de l'Hôtel-Dieu nommé pour un temps déterminé.

En 1654, nomination du sieur *Jacques Petit*, « maistre chirurgien à Paris. »

Petit semble avoir été le premier chirurgien vraiment digne de ce nom que l'Hôtel-Dieu ait eu. Déjà en possession du grade de maître en chirurgie quand il est nommé, il acquiert dans sa pratique de chaque jour à l'hôpital une grande habileté. Il est chargé par le Bureau de faire aux compagnons chirurgiens et aux élèves externes un cours d'anatomie ; il fonde chez lui une école de chirurgie, dont les élèves suivent sa clinique à l'hôpital ; par ses soins et avec le concours des chirurgiens Haran et Gonyn une collection d'instruments de chirurgie est formée à l'Hôtel-Dieu ; le Bureau affecte à cette utile création une somme de 1,000 livres. Petit, qui sait qu'il faut disséquer pour devenir un anatomiste, triomphe des résistances du Bureau, qui autorise la délivrance des cadavres aux chirurgiens, mais timidement et avec toutes sortes de réserves. Petit reste chirurgien en chef de l'Hôtel-Dieu jusqu'en 1700 ; mais, tout en cédant la première place à un autre, il continue à l'Hôtel-Dieu les services que son grand âge lui permet de rendre encore.

En 1705, sentant la mort approcher, il écrit au Bureau une lettre touchante pour demander « une derniere grace cest quapres son deceds son corps soit inhumé dans leglise de lhostel Dieu. » — « Ce que, dit la délibération, la compagnye lui a accorde en consideracion de ses bons services de *soixante et tant dannees.* »

En 1700, le sieur *Méry*, maître chirurgien à Paris et professeur d'anatomie, est nommé chirurgien en chef de l'Hôtel-Dieu ; son traitement est porté à 2,000 livres.

Un règlement du 14 novembre 1703 fixe à 60 le nombre des chirurgiens externes.

En 1722, *Thibault*, premier compagnon chirurgien gagnant maîtrise, est nommé chirurgien titulaire, fonction qu'il remplissait du vivant même de Mehery.

En 1725, *Pierre Boudou* remplace Antoine Thibault.

En 1726, *Zorobabel Boucot*, compagnon chirurgien de l'Hôtel-Dieu, est nommé par le roi chirurgien major des Invalides avant d'avoir gagné sa maîtrise, le Bureau l'autorise, malgré ses nouvelles fonctions, à continuer son service à l'Hôtel-Dieu.

Cette même année, une délibération du Bureau fixe à 100 le nombre des chirurgiens de l'Hôtel-Dieu : 1 chirurgien en chef, 12 compagnons chirurgiens, 13 chirurgiens commissionnaires et 74 élèves externes.

Cette organisation du service de chirurgie resta à peu de chose près la même jusqu'à la fin du siècle.

En 1735, la France était en guerre avec l'Autriche au sujet de la succession de Pologne ; de nombreux racoleurs avaient recours à la violence et à la ruse pour enrôler dans les rues de Paris et envoyer à l'armée de nouvelles recrues ; les élèves externes de l'Hôtel-Dieu, pour la plupart hommes jeunes et robustes, devaient tenter ces recruteurs. Plus d'une fois, en effet, ils furent assaillis en se rendant à l'Hôtel-Dieu, et ce ne fut qu'avec peine qu'ils échappèrent à ces terribles *fours* dont le souvenir n'était pas encore entièrement perdu il y a une quarantaine d'années aux abords du Pont-Neuf. Ils se plaignirent au Bureau, qui intervint auprès du lieutenant de police et délivra à chaque élève une carte constatant sa qualité de chirurgien à l'Hôtel-Dieu.

La communauté des maîtres chirurgiens de Paris avait toujours vu d'un œil jaloux les priviléges dont jouissaient les compagnons chirurgiens de l'Hôtel-Dieu, qui, après six années de services, étaient nommés maîtres en chirurgie sans payer aucuns droits à la corporation, et pouvaient exercer en ville.

Aussi manquait-elle rarement une occasion de faire entendre ses réclamations. Nous trouvons un exemple de cette lutte dans le procès-verbal de l'examen soutenu par le sieur Cabany, compagnon chirurgien de l'Hôtel-Dieu, pour être reçu premier compagnon chirurgien gagnant maîtrise, en 1760.

Cette pièce renfermant quelques détails intéressants, nous la transcrivons en partie :

« Le jour dhier mardy dix neuf du present mois daout se sont trouves au Bureau le s' Boyer doyen de la Faculté de medecine en robbe avec sa chausse sur lepaule le s' Andouillé premier chirurgien du Roy en survivance et les s'' Menjon, Delamalle, Ribadeau du Clos, Lecaton de la Forest prevôts en charge de la communauté des maîtres chirurgiens tous mandés et invités pour interroger François Cabany et examiner sil est capable de remplir la place de premier chirurgien gagnant maîtrise à l'Hôtel Dieu auquel interrogatoire lesdits s'' ont vacque depuis quatre heures precises de relevee jusqu'à neuf heures sonnees en presence de MM... administrateurs de l'Hôtel Dieu pendant lequel interrogatoire ledit Cabany sétant trouvé mal à sept heures sonnees lesdits prevosts ont represente a Messieurs les administrateurs que cela ne provenoit que de la fatigue causee par cet interrogatoire et ont demande pour ledit Cabany si la Compagnie vouloit bien lui permettre de s'asseoir, ce qui le mettroit en état dachever son examen sur quoy apres quil en a été delibere a été arrêté qu'encore que jusqu'a présent pareille demande nait été admise pour pareilles occasions que sans tirer a consequence cependant attendu la grande faiblesse ou sest trouvé ledit Cabany il lui seroit permis de s'asseoir, après lequel examen ledit Cabany ayant ete juge de lavœu unanime des assistants et des examinateurs avoir la capacite requise, en a ete fait mention sur le Registre destine a cet effet ; Monsieur de Rilière et Messieurs les administrateurs avant que de signer ayant pris lecture de laditte mention ont trouve quelle contenoit des enonciations contraires aux privileges de l'Hôtel Dieu et entr'autres sur la necessite imposee aux chirurgiens gagnant maîtrise de prendre le degré de maître es arts et de soutenir un acte public dans les ecoles de chirurgie contre lesquelles enonciations ils ont pris le parti d'écrire et de signer des protestations. »

En 1766, quand son stage à l'Hôtel-Dieu fut fini, Cabany, craignant d'indisposer contre lui la corporation des maîtres chirurgiens, voulut passer sa thèse, mais le Bureau le lui défendit formellement, sous peine de perdre le bénéfice de ses six années de services à l'hôpital.

Moreau, premier chirurgien en remplacement de Pierre Boudou, a lui-même pour successeur, en 1786, le célèbre *Desault*.

Desault resta en charge à l'Hôtel-Dieu jusqu'à sa mort, arrivée en 1795 ; c'est donc par lui que nous fermerons cette liste des chirurgiens en chef de l'Hôtel-Dieu.

Médecine et chirurgie. — Les archives de l'Hôtel-Dieu sont pauvres en renseignements sur l'histoire de la médecine et de la chirurgie ; nous voudrions offrir aux médecins qui nous liront un ensemble de faits intéressants ; mais nous sommes réduits à glaner, de ci de là, et particulièrement dans les registres des délibérations, quelques détails relatifs au traitement des malades, aux remèdes nouveaux expérimentés à l'Hôtel-Dieu, etc.

La distribution du vin aux malades se faisait à sept heures du matin ; sur l'observation du médecin Francière, que « cestoit lheure quilz preignent leurs medecines et bouillons, » le Bureau décide que cette distribution se fera à neuf heures (1617).

En 1621, dans un règlement général, il est recommandé aux chirurgiens « lesquelz penseront les mallades davoir des jattes pour jetter les emplactres et charpies quilz osteront des plaies et prendront garde de ne les jetter sur les planchers des salles. »

Un fait que nous devrions renvoyer au chapitre des superstitions ou, selon d'autres, des croyances religieuses, est celui-ci :

En 1625, la peste faisait à sa bonne ville de Paris une de ses trop fréquentes visites ; l'hôpital Saint-Louis était ouvert ; médecins et religieuses étaient sur les dents ; les « mallades de contagion » mouraient en grand nombre.

Le sieur Hieraulme, receveur de l'Hôtel-Dieu, apporte au Bureau une petite châsse de velours passementée de galon d'or dans laquelle était enchâssé « ung ruban de taffetas violet *posé trois jours sur le corps de saint Roch*, laquelle chasse a este mise entre ses mains par une femme de la paroisse de Saint-Eustache, laquelle suplye la compagnie de lenvoyer à Saint-Louis pour servir aux mallades de la contagion. » Les administrateurs se rendirent au désir de la bonne femme, la châsse fut envoyée à Saint-Louis, au médecin Dajon.

Jusqu'en 1636, on faisait observer aux malades, pendant le carême, un régime maigre « de peu de nourriture et de mauvais suc ; » sur les réclamations énergiques des médecins Moreau et Pillon, il fut décidé qu'on donnerait de la viande aux malades pendant tout le temps du carême.

Les pestiférés qui venaient se faire visiter à l'Hôtel-Dieu étaient renvoyés à Saint-Louis ou à l'hôpital Saint-Marcel aussitôt que leur maladie était reconnue ; mais ces malheureux faisaient le chemin à pied et « mouraient par les chemins en plain jour au grand scandalle des voysins. » Le Bureau décide que le *maître emballeur* se pourvoira de deux hommes « qui conduiront les malades aus dits hospitaux dans une chaire quilz auront a cet effect. » (1638.)

En 1660, sur les représentations de la mère prieure, le Bureau arrête « que d'ores en avant dans les operations dificiles lun des medecins ne poura rien ordoner quen presence et par consultation faite avec les trois autres et en presence aussy du maistre chirurgien et du premier compagnon chirurgien et en cas de contrariete davis ilz apeleront des medecins de dehors. »

La Compagnie « donne charge au s^r Cudefo d'acheter les ingrediens necessaires pour la composition dun remede apelé *pierre infernale* dont on a besoin a lapotiquairerie de l'Hostel Dieu. » (12 août 1661.)

Le service des accouchements, sur lequel nous reviendrons dans un chapitre spécial, était alors (1663) confié à la dame de Billy, maîtresse sage-femme ; il y avait parmi les femmes en couches une grande mortalité ; le Bureau réunit les six médecins ordinaires de l'Hôtel-Dieu, auquel s'adjoint le sieur Bouchet, « chirurgien expert aux accouchements, » et ordonne de faire l'autopsie de plusieurs corps ; « on a trouve, dit le procès-verbal, la matrice tellement gangrenee et infecte quon na peu decouvrir au vrai si cela provient de la faute et ignorance de la sage-femme ou de *quelque mauvaise constellation* ce dernier pouvant bien estre veu quil sest fait grand nombre de mauvaizes couches dans la ville. »

Le chancre (il faut sans doute lire cancer) était, paraît-il, maladie réputée incurable ; du moins les médecins de l'Hôtel-Dieu avouaient « ne point savoir de remède à ce mal. » Un particulier qui s'était introduit à l'Hôtel-Dieu, à l'insu du Bureau et par la protection des religieuses, y soignait les cancéreux avec la prétention de les guérir. Le Bureau, après avoir pris l'avis des médecins, l'autorisa à expérimenter son remède sur deux malades de bonne volonté ; nous ignorons les résultats de cette expérience.

C'est en 1681 que le *quinquina* fut pour la première fois employé à l'Hôtel-Dieu, et encore avec une certaine hésitation, comme l'indique la délibération suivante : « La Compagnie a arete quon se servira de quinquina pour la guerison des fievres intermittantes a quoy on le dit estre un remede souverain et neantmoins quon nen donnera que par l'avis des medecins ordinaires. »

Le 17 décembre de cette même année, le Bureau donne charge au sieur Petit, chirurgien, « daprendre de Madame Lecamus femme de Monseigneur le president Lecamus la recette dun onguent que compose ladite dame qui guerit les ulceres des mammelles des femmes en peu de temps et sans faire douverture et den faire lexperience a l'Hostel Dieu. »

On avait, au XVIIe siècle, la croyance que les bains de mer étaient efficaces contre la rage. Deux garçons d'office de l'hôpital Saint-Louis ayant été mordus par un chien qu'on croyait enragé, le Bureau leur avance 44 livres et leur alloue 20 sous par jour « pour aler a la mer pour éviter le mal de la rage. » (1685.)

L'*ipécacuanha*, connu en Europe vers 1672, et en France seulement en 1686, fait son apparition à l'Hôtel-Dieu en 1687.

« Monseigneur le Premier president a dit quil a receu un ordre du Roy envoye par M. de Seignelay de faire travailler dans l'Hostel Dieu le s[r] Helvetius medecin hollandais pour eprouver un remede souverain quil dit avoir pour le flux de sang et la dissenterie que limportance de la chose a fait quil a desire en parler au Roy ce quil a fait depuis peu Sa Majesté luy a dit que son intention estoit de ne faire cette epreuve que sur ceux qui le voudroient bien ou qui seroient abandonnez des medecins affin que sil reussit il puisse sen servir dans ses armees navalles a quoy il croit a propos de satisfaire sur quoy veue la lettre de cachet du Roy ci après..... »

On signale au Bureau, en 1692, deux lépreux dont on ne sait trop que faire; on envoie demander « a Messieurs de l'ordre de saint Lazare sils nont pas une retraite pour cette maladie; » en fin de compte, on décide « qu'on verroit a trouver un petit endroit dans lhotel Dieu pour placer ces deux mallades en particullier afin de prevenir les accidents. »

De tout temps, on a préconisé des spécifiques contre telle ou telle maladie. En voici un, cependant, qui se présente à l'Hôtel-Dieu avec de puissantes recommandations.

« Son Eminence Monseigneur larchevesque aiant fait louverture dun paquet cacheté adressant a Messieurs les administrateurs de l'Hostel Dieu il sy est trouve premierement un placet presente par le s[r] de Guillier chevalier de saint Lazare par lequel il expose quaiant fait reflexion sur la depense considerable qui se fait journellement dans l'hotel Dieu, il a cru ne devoir pas negliger de la diminuer et de procurer en trois ou quatre jours la sante aux pauvres malades avec un remede infaillible quil a pour guerir les fievres et autres maladies dont il offre de donner gratuitement *trois cent prises* pour en faire lepreuve et de composer ensuitte pour la quantite qui pourra se consommer dans l'Hostel Dieu, plus copie imprimee du privilege accorde par le Roy audit sieur de Guillier sur les experiences de ce remede faites par M. Fagon premier medecin de Sa Majeste et par M. Boudin son medecin ordinaire ; la

Compagnie a arresté qu'avant de faire l'epreuve du remede proposé on consultera M. Boudin et les medecins et chirurgiens de l'Hostel Dieu. » (20 mai 1716.)

Quelques années plus tard, c'est un spécifique contre la petite vérole dont on propose de faire l'essai à l'Hôtel-Dieu :

« La Compagnie ayant considéré que ce specifique pouvait être très utile au public et etant informee que l'intention du gouvernement est quon en fasse l'epreuve dans l'hotel Dieu, elle a permis audit s^r Baille chirurgien (l'inventeur du remède) d'administrer son remede au nombre de malades de la petite verolle qui luy seront confiés et quil traitera seul afin quon puisse juger surement de l'effet du remède dont il s'agit. »

Il fut constaté que, sur 62 malades, le remède du sieur Baille en avait guéri 43.

Aujourd'hui que l'hygiène des hôpitaux est l'objet des préoccupations constantes de l'Administration et des médecins, on se refuserait à croire que jamais on ait pu convertir les salles des malades en séchoirs; c'est cependant ce qui arrivait, et, en 1755, le Bureau dut ordonner qu'à l'avenir « il ne seroit mis dans les salles des malades ny cordes ny crochets, quon ny feroit secher aucuns linges, etc. »

L'emploi de la tôle, dans les cas de prothèse chirurgicale, semble avoir été assez répandu. Une délibération du 2 août 1758 porte « qu'un pied de taule garni de cuir » serait fourni gratuitement à tous ceux qui subiraient l'amputation du pied à l'Hôtel-Dieu.

L'Hôtel-Dieu fut de tout temps le point de mire des empiriques. Le Bureau enjoignit à l'inspecteur des salles de « chasser de la maison tous les etrangers qui sy introduiraient et qui se meleraient de conduire les malades et dadministrer des medicamens quoique ce fut a leurs depens. »

En 1778, Pelletan, « maître chirurgien a Paris (c'est Philippe-Joseph Pelletan qui succéda plus tard à Desault comme chirurgien en chef de l'Hôtel-Dieu), annonce au Bureau être possesseur d'un remede specifique pour la prompte guerison des maladies schrophuleuses ou scorbutiques; » la Compagnie arrete « que ladite lettre seroit remise à M. Marchais qui a été prié den conferer avec le Doyen des médecins de l'Hostel Dieu et de l'inviter d'en faire part aux autres médecins de l'Hostel Dieu et de donner leur reponse par ecrit au Bureau. »

La fièvre puerpérale, qui naguère encore faisait tant de victimes dans nos hôpitaux, sévissait à l'Hôtel-Dieu en 1782. Doulcet, l'un des médecins de cet hôpital, eut le bonheur de guérir un grand nombre de malades; ses succès furent constatés dans le n° 4 de la *Gazette de Santé,* et voici en quels termes ils sont rapportés dans le registre des délibérations du Bureau : « Le s^r Doulcet lun des medecins ordinaires de l'Hostel Dieu est celui a qui cet hopital doit une aussi importante decouverte, epiant pour ainsi dire la nature, il a saisi son indication avec cette sagacite ce zele et cette justesse de vue quon lui connait et a trouve les veritables armes avec lesquelles il falloit attaquer lennemi pour le vaincre il en a triomphe et a arrache ainsi a la mort les malheureuses victimes quelle se devouoit si imperieusement. » (6 mars.) Un peu plus tard, le Bureau constate « que le remede decouvert par M. Doulcet continue d'avoir le même succès que depuis quon lemploie cest a dire depuis le 4 novembre dernier jusquaujourdhuy plus de 200 femmes ont ete attaquees de la maladie et que toutes celles qui nont pas refuse obstinement de prendre le remede sans excepter une seule ont ete gueries lorsquauparavant toutes celles qui etoient attaquees sans en excepter une seule perissoient, la Compagnie invite Monseigneur larchevesque a exposer a Sa Majesté des faits si dignes dinteresser son amour pour ses peuples et sa bienfaisance. » (30 avril.) On sait que sa méthode consistait dans l'emploi de l'ipécacuanha à dose vomitive et du sel duobus.

Par délibération du 26 février 1783, le docteur Salin, de la Faculté de Paris, est autorisé à faire l'autopsie de tous les malades morts de la rage à l'Hôtel-Dieu. Il paraît même qu'un service spécial avait été ouvert dans l'une des salles pour le traitement de cette affreuse maladie. On considérait l'hydrophobie comme relevant de la chirurgie, et les chirurgiens seuls étaient appelés à soigner les hydrophobes; les médecins réclamèrent, disant que cette maladie « étoit essentiellement du nombre des maladies internes; » la Compagnie mit tout le monde d'accord en décidant que chirurgiens et médecins traiteraient de concert « tous les malades apportés à l'Hôtel-Dieu comme ayant ete mordus blesses ou même simplement egratignés par bêtes enragées. »

Nous ne pouvons terminer le peu que nous avons à dire sur l'exercice de la médecine et de la chirurgie sans consacrer un chapitre spécial à la *taille de la pierre* et un autre aux *accouchements*, deux services dont l'ancienne Administration avait fait de bonne heure une spécialité à l'Hôtel-Dieu.

Lithotomie. — Dans le compte de l'année 1518, nous lisons la mention suivante : « A maistre Jehan Gonthier dict Dorleans *inciseur jure* a Paris VIII livres pour avoir taille audit hostel Dieu plusieurs mallades. »

En 1530, Pierre Huon, « *inciseur jure* a Paris recoit LXX sols tournois pour avoir taille de la rompeure et de la pierre deus petis enfants. »

En 1599 « a este ordonne quil sera paye a Guillaume Cocet operateur demeurant en la ville de Thoulouze la somme de six escuz pour par luy avoir incise et oste la pierre a deux malades dudit hostel Dieu. »

Des lettres patentes données en décembre 1651 autorisent François Thevenin, Philippe Collo, Jacques Girault, Antoine Ruffin et Charles Collo, opérateurs de la ville, à établir, à Paris, hors de la porte Saint-Antoine, un hôpital pour le traitement gratuit des calculeux.

L'article 21 des statuts de cette fondation stipulait que ce petit hôpital spécial deviendrait la propriété de l'Hôtel-Dieu, si les fondateurs ne laissaient point d'enfant pouvant leur succéder dans la pratique de leur art.

En 1657, nous voyons pour la première fois un lithotomiste attaché à l'Hôtel-Dieu, le sieur Gouin.

Le chirurgien Lanier avait taillé plusieurs calculeux; les opérations se trouvent être toutes malheureuses. Cet insuccès est attribué à l'emploi d'un instrument nouveau imaginé par le chirurgien. Le Bureau ouvre une enquête et décide que le sieur Lanier « ne se poura servir de son instrument nouveau ny demain ny en autre temps quil nen ait un ordre particulier par écrit du Bureau. » (1658.)

Un rapport verbal fait au Bureau par le sieur Blondel, doyen de la Faculté de médecine, sur ce qu'il avait observé dans deux opérations de la taille faites en sa présence, nous fournit quelques détails intéressants : « A dit que pour ce qui est de la maniere doperer il avoit trouve deux choses a redire lune dans un instrument dont on sest servy qui est piquant par le bout qui peut causer des accidens dans les parties ou il est porte, l'autre que les operateurs ont quelquefois mis le doigt dans louverture ce quil jugeoit inutile puisque le doigt ne pouvoit pas aler jusquau fonds de la vessie et faisoit une dilatation si grande que cela pouvoit rompre quelque membrane. » (1659, 7 mai.)

La lithotomie constituait alors une véritable spécialité, et les procédés opératoires se transmettaient comme un secret. Gouin, inciseur juré de l'Hôtel-Dieu, mandé par le Bureau, refuse d'opérer devant les garçons chirurgiens, Portal et Castagnet ; on s'adresse alors au sieur Collo, opérateur connu, et que nous avons cité plus haut, qui consent à venir à l'Hôtel-Dieu tailler les malades, mais qui refuse, lui aussi, d'opérer « en présence d'autres opérateurs ny des chirurgiens tant de l'hostel Dieu que d'autres qui pouroient aprendre son secret. »

En 1669, l'administrateur Legendre rapporte au Bureau « que le nomme Berault dit avoir un secret et lexperience pour la taille des persones affigees de la pierre tant par le grand que par le petit apareil aiant apris de *celui qui demeure a Toulouze qui est en grande reputation.* » Collo, opérateur ordinaire de l'Hôtel-Dieu, y ayant donné les mains, plusieurs malades sont confiés au sieur Berault, mais les documents dont nous disposons sont si incomplets qu'ils ne nous apprennent ni en quoi consistait ce procédé, ni quels furent les résultats de son application.

En 1671, une délibération du Bureau porte qu'il y aura assemblée des médecins « pour décider si le s^r Collo doit opérer les femmes malades de la pierre au dessus ou au dessous de la vessie. »

En 1681, on trouve enfin un chirurgien, le sieur Morel, « operateur pour la taille travaillant a la Charite qui offre de travailler dans l'hostel Dieu en presence de tel nombre de chirurgiens quon voudra auxquels il aprendra a faire cette operation esperant les en rendre capables dans deux mois sils y ont de la disposition. »

En 1692, l'art de la taille avait fait assez de progrès pour que, sur 104 malades opérés à l'Hôtel-Dieu pendant l'année, on n'en perdit que 18.

En 1698, il est pour la première fois question, à l'Hôtel-Dieu, de la méthode de Jacques Baulot, dit *frère Jacques* : « Les sieurs de Bourges Morin et Enguehard medecins ordinaires de lhostel Dieu et les sieurs Bessieres et Mehery maistres chirurgiens jurez aians este mandez et ouïs au Bureau touchant la nouvelle methode du frere Jacques pour loperation de la pierre ils ont dit quilz lui ont veu faire plusieurs experiences sur des corps morts et quelques unes sur des corps vivans avec succes et quils ont remarque que cette nouvelle methode est bien plus aisee et moins douloureuse que celle qui sest pratiquee jusques a present mais que pour mieux connoistre la seurete de loperation et de la guerison il est necessaire quil fasse encore un nombre dexperiences sur des corps vifs et quils sont davis quon lui confie la taille de dix malades de ceux qui sont actuellement dans lhostel Dieu affligez de la pierre, ce que la Compagnie a agrée. »

En 1729, il est encore fait mention d'une nouvelle méthode d'extraction de la pierre : « Le s^r Moreau chirurgien a Paris a represente que par ordre de la Cour il a ete en Angleterre a loccasion dune nouvelle methode pour l'extraction de la pierre et il a prie le Bureau de lui permettre d'opérer sur des corps morts a lhostel Dieu. Ce que la Compagnie lui a accorde. »

Nous arrêterons ici ce que nous voulions dire de la lithotomie à l'Hôtel-Dieu. Les méthodes se perfectionnent; on opère mieux et plus vite. La *salle des taillés*, à l'Hôtel-Dieu, reçoit une autre destination, et l'on n'admet plus les calculeux que deux fois par an, pendant un certain nombre de jours, au mois de mai et au mois d'août; c'est ce qu'on appelait, au siècle dernier, la *première et la seconde taille*.

Accouchements. — *Sages-femmes de l'Hôtel-Dieu.* — Au xive siècle, nous trouvons dans les comptes la mention de deux sages-femmes résidant à l'Hôtel-Dieu, Jeanne *Dupuis* et *Julienne*; nos textes les qualifient assez pittoresquement de « *ventrières des accouchées.* »

En 1550, Perrette *Lavoyne*, sage-femme de l'Hôtel-Dieu, reçoit 12 livres par an.

En 1575, Marie *Thibault*.

En 1624, Marie de *Hacqueville*.

En 1660, la dame *Moreau* et la dame *Defrance Gaian*.

En 1662, la dame *de Billy*.

En 1670, Marguerite *de Tertre*, veuve Jean Didiot.

En 1686, Louise *Cocquelin*, veuve Morlet.

En 1691, la dame *Des Carreaux*.

En 1697, Claude *Henault*, veuve Langlois.

En 1714, la demoiselle *Langlois*, fille de la précédente.

En 1737, la demoiselle Edmée *Gouet*.

En 1739, Marie-Claude *Pour*.

En 1751, Anne-Catherine *Carenda*.

En   , la demoiselle *Violeau*.

En 1764, la veuve *Delaplace*.

En 178 , la demoiselle *Dugès*.

Le service des accouchements, à l'Hôtel-Dieu, était particulièrement célèbre ; nous en verrons la preuve tout à l'heure dans les nombreuses demandes adressées au Bureau par des médecins, nationaux ou étrangers, pour être admis à assister aux accouchements.

Un règlement de l'office des accouchées, de 1614, porte « que la sage femme nadmete nulle femme grosse que suivant la forme usitee qui est quaprès avoir presente requeste au Bureau et par ordonnance du Bureau quelle les visite et certifie au bas de la requeste le temps quelles ont encores a accoucher et apres la permission de Messieurs dudit Bureau quelle les recoipvent sil est dit quelles seront receues. »

Les compagnons chirurgiens allaient à tour de rôle passer trois mois dans la salle des accouchées, mais les anciens administrateurs mettaient, dans cette partie du service médical, une très-grande réserve.

Ainsi, à propos d'une entrée dans les salles d'accouchements accordée au chirurgien Portal, on lit, dans le registre de 1660 : « Le s[r] Pereau a remarqué que telles permissions sont fort preiudiciables a la sante mesmes à la vie des femmes en travail y en aïant qui sont mortes par lhorreur quelles ont destre veues en cet estat par des hommes et quil faudroit fermer plus tost entierement la porte a ces permissions que de souffrir des accidents si funestes, la Compagnie a areste que doresenavant elle sera grandement reservee a acorder lesdites permissions et que ceux a qui elle a permis et permetra cy apres dentrer en ladite sale ne pouront aprocher des femmes en travail quelles ne laient auparavant consenty et pour cet effet la mere de loffice scaura desdites femmes leur sentiment devant quelles soient en travail. »

En 1667, Félix de Tassy, premier chirurgien du Roi, demande l'autorisation de pratiquer des accouchements à l'Hôtel-Dieu, le Bureau « considerant le mérite de sa personne et l'emploi quil a aupres du Roi qui le souhaite ainsi, » accorde au sieur Félix la permission qu'il demande « a la charge de naccoucher ni voir accoucher aucune femme en la sale des accouchees si elles y temoignent tant soit peu de repugnance et *de ne demurer la nuit dans ladite sale.* »

Les registres de délibérations du Bureau nous fournissent les noms de quelques médecins étrangers autorisés à étudier l'art obstétrical à l'Hôtel-Dieu ; ce sont :

Joung, médecin écossais, en 1659.

Auguste *Hugo,* médecin de la duchesse de Hanovre, en 1712.

Campbell, médecin anglais (sur l'ordre exprès du Régent), en 1721.

Grain, chirurgien du Roi d'Angleterre, en 1723.

En 1725, M. de Maurepas écrit aux administrateurs et les prie d'autoriser le sieur Cruger, premier chirurgien du Roi de Danemarck, à travailler pendant trois mois à l'Hôtel-Dieu, disant « que le Roy de Danemark pressoit dautant plus que la Reine étoit grosse. » La Compagnie décide « que par soumission a des ordres si precis de Sa Majeste, le s' Cruger entrera dans la salle des accouchées mais que S. A. S. sera suplíe de vouloir bien obtenir de S. M. quil ne soit point accorde de pareils ordres a lavenir parce que cette salle des accouchees de l'Hôtel-Dieu est *un lieu secret et un azile* ou non seulement les femmes qui sont dans la necessite mais *plusieurs filles et meme de famille* qui veulent cacher leur etat au public et à leurs parens ne sont attirees la plus part du temps que parce quelles sont instruites quil ny entre point dhommes et par la confiance quelles ont dans la discretion des religieuses et des femmes qui les accouchent. »

En 1731, une lettre de cachet du Roi ouvre les portes de l'Hôtel-Dieu à Jacques *Payerne,* chirurgien du Roi d'Espagne.

Une délibération du 30 janvier 1732 nous apprend « que les femmes grosses *étaient accouchees toutes nues* afin que les apprentisses puissent mieux sinstruire. »

Particularités. — La liberté de conscience sous l'ancienne administration. — Visites de souverains à l'Hôtel-Dieu. — L'église de l'Hôtel-Dieu et toute l'enceinte de l'hôpital durent, au moyen âge, jouir du droit d'asile. Il est curieux de voir se perpétuer, jusque dans la seconde moitié du xviie siècle, un souvenir de cet usage ancien aboli par l'ordonnance de Villers-Cotterets en 1539.

En 1666, le sieur Bademier, marchand de charbons, fournisseur de l'Hôtel-Dieu, « craignant les contraintes rigoureuses d'un particulier qui a obtenu un arrest contre luy se refugie a l'hostel Dieu *comme en un lieu de seureté.* »

Le patron de l'Hôtel-Dieu était saint Jean-Baptiste ; tous les ans, le 24 juin, les administrateurs se réunissaient pour entendre la messe dans l'église de l'Hôtel-Dieu. Cette messe était suivie d'un dîner.

Nous trouvons, dès le XVIᵉ siècle, la trace d'une touchante institution qui se perpétua jusqu'aux premières années de ce siècle, mais qui n'existe plus à l'Hôtel-Dieu; nous voulons parler des *dames de charité* qui venaient partager avec les religieuses les soins à donner aux malades.

Nos registres nous ont conservé le souvenir de l'épouvantable famine qui décima la population parisienne pendant le siége de la ville par Henri IV. Les reliquaires et toute la vaisselle d'argent furent vendus, et l'on fit du pain de son pour les religieux et les serviteurs.

En 1627, il se produisit à l'Hôtel-Dieu un miracle qui eut un très-grand retentissement. Anne Primeville, paralytique, couchée dans la salle du légat, ayant été apportée devant la vierge de l'église Notre-Dame, se trouva subitement guérie et obtint de rester à l'Hôtel-Dieu pour s'y consacrer au soulagement des malades.

Cet événement miraculeux attira à l'Hôtel-Dieu un grand concours de monde.

Le bruit en vint jusqu'à la reine Anne d'Autriche, qui envoya au Bureau « Monsieur Tropeu son maistre dhostel dire a la Compagnie que la Royne sa maistresse leur mandoit quilz eussent soin et veillassent a la conservation de Anne Primeville luy administrassent tout ce qui luy seroit de besoing tant pour son vivre que pour son entretenement comme lune des relligieuses dudit hostel Dieu. »

En 1650, un bourgeois de Paris, Simon Lanier, a l'idée de passer avec les administrateurs un contrat par lequel il s'engage à acheter pendant deux ans les cheveux des malades que le barbier devait couper par ordonnance des médecins, à raison de *cent livres par an*; l'année suivante, la Compagnie résilie le contrat « parce que ledit particulier ne pouvoit pas faire son prouffit desdits cheveulx. »

En 1658, le sieur Dupont, qui se qualifie d'*opérateur du Roy*, demande à acheter « les dents des personnes mortes à l'hostel Dieu pour en aider le public; » la Compagnie ne veut point conclure ce marché.

En 1664, l'Hôtel-Dieu possédait une *corne de licorne*; c'était sans doute un souvenir de la tradition du moyen âge, qui faisait de cette corne un contre-poison universel; le sieur Heliot, administrateur, la demande et l'obtient, à la condition de faire blanchir l'église de l'Hôtel-Dieu, ce qui lui coûte 500 livres.

En 1677, l'Hôtel-Dieu servait une rente à un jeune prince madécasse. C'est encore dans les registres des délibérations que nous trouvons l'explication de cette particularité. « Monseigneur le premier prezident a dit qu'un des rois de l'isle de Madagascar aiant donne aux Francois estant en ladite isle quatre de ses enfants pour ostage de lamitié quil avoit juré avec eux et aiant violé depuis sa foi, les Francois ont amene en France lesdits enfants dont 2 sont desia morts un autre estant avec Monsieur le duc Mazarin est assez bien pourvu et neu reste quun qui estant valetudinaire ne peut porter la fatigue des armes, quil a VI mil livres provenans des bienfaits de M. le duc de la Meilleraie quil ofre donner a lhostel Dieu a rente viagere a denier douze estant age de 32 ans comme il a dit. » Mais le Bureau ne voulut rien sacrifier à l'honneur de compter parmi ses pensionnaires le fils d'un roi de Madagascar; il ne consentit à prendre la somme qu'au denier 15, et encore « en consideracion de la naissance dudit garson et dudit sieur de la Meilleraie qui le protege. »

Quelques années plus tard, en 1685, nous voyons un nègre figurer au nombre des garçons chirurgiens; il avait été ramené des Indes par des missionnaires, et, à la prière du supérieur des Missions, les administrateurs lui avaient permis de suivre les visites des chirurgiens, « a charge quil ne les verroit travailler que dans les sales des hommes seulement. »

En 1719, Paris était en pleine fièvre de spéculation; l'on agiotait avec fureur sur les actions de la Compagnie des Indes. L'Hôtel-Dieu avait un certain nombre de ces actions qui lui avaient été léguées. Le Bureau ne sachant qu'en faire charge le sieur Hénault, administrateur, de s'entendre avec Law; voici la réponse du sieur Hénault au Bureau : « N'ayant pu parler de vive voix a M. Law, il lui a écrit pour savoir l'usage qu'on doit faire des actions données aux pauvres par la personne qui n'a desiré être connue, il luy a repondu par sa lettre du 31 aoust dernier que son avis est quil faut les garder persuadé quelles pourront augmenter. » (15 septembre.)

Nul doute qu'il ne faille voir dans le fait suivant un de ces *faux miracles* qui se produisaient au cimetière Saint-Médard, sur la tombe du diacre Pâris : « Sur ce qui a été dit que le samedi 4 du present mois daout (1731) on a transporte de Saint-Medard a l'Hôtel-Dieu une femme malade quon a dit s'appeller Gabrielle Gautier, que non seulement lors de son transport elle a ete suivie dune grande foule de monde mais que depuis ce temps la foule et le concours nont point diminué, qu'une infinité de personnes de tous estats sont venues voir cette femme dans son lit..... la Compagnie a arresté que jusqua nouvel ordre la salle Sainte-Martine ou est cette femme sera fermée au public. »

Il existait à l'Hôtel-Dieu un usage assez singulier. A de certaines époques, quand on avait préparé à l'apothicairerie une plus ou moins grande quantité de thériaque, on en informait le public et l'on exposait ce médicament; un garçon apothicaire faisait connaître aux curieux qui se présentaient la composition et l'usage de ce remède; un des administrateurs était délégué pour assister à cette démonstration; l'exposition de la thériaque durait une semaine.

En 1780, lorsque la maison des Quinze-Vingts fut transférée de la rue Saint-Honoré, où elle se trouvait alors, au faubourg Saint-Antoine, les ossements provenant du cimetière des Quinze-Vingts furent transportés au cimetière de Clamart, qui était le cimetière de l'Hôtel-Dieu.

En 1782, le petit Châtelet allait être démoli pour l'agrandissement de l'Hôtel-Dieu; or, il était d'usage que, lors de la procession annuelle que l'archevêque de Paris allait faire à Sainte-Geneviève le jour des Rameaux, il s'arrêtât au petit Châtelet pour y délivrer un prisonnier. Il fut décidé, sans doute avec l'assentiment du Roi, que, pour ne pas voir se perdre cette tradition de pitié et de miséricorde, « on feroit cette station et les cérémonies qui la précèdent à la chapelle qui est à l'extrémité des nouvelles salles de l'Hôtel-Dieu où se trouveroit la personne à délivrer conduit par le concierge de la prison de l'Hôtel de la Force. » (20 mars.)

Au XVe siècle, l'Hôtel-Dieu était possesseur de plusieurs maisons situées rue Macon, qui servaient « a femmes amoureuses. » Nous avons retrouvé dans nos archives des baux de « certaines chambrettes a fillettes » louées par « venerable et religieuse personne frère Jehan Lefevre, religieux maistre et administrateur de lostel Dieu A Jeanne la Vilaine, Marguerite Voxine, Jeanne de Caumont filles amoureuses. » Nous n'insistons pas sur l'effet que produit le rapprochement dans le même acte de personnes et de choses si dissemblables.

L'Hôtel-Dieu avait encore, dans la rue d'Autriche, derrière l'hôtel de Bourbon, au quartier du Louvre, trois petites maisons qui servaient au même usage ; mais il fut contraint de les vendre « pour le fait et bien de la chose publique a moyen des scandales et inconveniens qui en advenoient chacun jour. »

Il nous a paru intéressant de savoir comment les administrateurs de l'Hôtel-Dieu entendaient le principe de la liberté de conscience, et, pour cela, nous avons recherché dans les registres des délibérations tout ce qui se rapportait à la conversion des malades. Il est résulté pour nous de cette étude que, si les anciens administrateurs, imbus des idées de leur temps, ne pratiquaient pas la tolérance comme on l'entend de nos jours, du moins ils recommandaient au personnel nombreux placé sous leurs ordres de s'abstenir de toute tentative de prosélytisme.

Mais, en cette matière, les religieux de l'Hôtel-Dieu échappaient à l'action administrative, comme ils ne relevaient que du maître au spirituel qui était choisi parmi les chanoines de Notre-Dame ; il nous semble bien difficile d'admettre que, pour sauver des âmes, ils n'aient pas souvent déployé un zèle excessif, enfreignant ainsi les sages prescriptions des administrateurs laïques.

Quoi qu'il en soit, nous trouvons au registre de l'année 1655 le récit curieux d'une conversion à l'Hôtel-Dieu :

« Le s^r Papillon et le gentilhomme de sa compagnie furent conduits vers le jeune homme malade et en la presence de Monsieur de Sainct Jean Granger de lecclesiastique qui avoit travaille a la conversion du malade de ladicte mere pricure et dudit sieur Leconte administrateur ledict gentilhomme lui dict ces mots Vivantz veux-tu mourir en la religion en laquelle tu es ne a quoy le malade ne respondit rien et alors ledict Papillon lui dit Cognoissez vous pas bien Monsieur il vous logera vous nourira et ne vous laissera manquer daucune chose a quoy le malade ne respondit encore rien alors Monsieur Granger dict a ces messieurs que le malade nestoit pas en estat de beaucoup entendre ny de beaucoup parler cest pourquoy il falloit lui faire la demande en telle sorte quil neust qua dire ouy ou non lors ledit gentilhomme luy repeta Vivents veux tu mourir en la religion ou tu es ne et ou tu as toujours vescu ou en celle que tu as embrasse depuis peu A linstant le malades respondit je veux vivre et mourir en celle que jay depuis peu embrassee la catolique et aussy tost Monsieur de Sainct Jean Granger tendant le bras audit s^r Papillon et audict gentilhomme leur dict Messieurs cest assez il est a nous vous n'avez plus que faire icy......; apres quoy tous se retirerent, le tout ouy et laffaire mise en deliberation la Compagnie a areste que le present proces verbal seroit insere dans le registre du Bureau et quil sera choisy un lieu dans lhostel Dieu separe des autres pour y recevoir les malades de la religion pretendue reformee affin que lesdits malades estant visitez par ceux qui font profession de ladite religion pretendue reformee il narrive pas dinconveniens ny de scandale pour les autres mallades ny pour ceux qui seroient dans lhostel Dieu. »

Les archives de l'Hôtel-Dieu nous ont conservé le souvenir de la visite faite à cet hôpital par quelques souverains.

On lit dans le registre des comptes de l'année 1367, au chapitre des recettes : « De laumosne du Roy le mardi de la sepmaine peneuse quil vint ceans visiter les povres 80 livres. »

Au compte de l'année 1416 : « De laumosne la Royne de Cecille faicte le VIIe jour de septembre qui ce jour visita lostel VII florins qui valent CXII sous. »

Le jour du vendredi saint de l'année 1428 c'est « madame la Regente » (la duchesse de Bedford) qui visite l'Hôtel-Dieu et y fait une aumône de 66 livres.

Au compte de l'année 1488 « le quatriesme jour de fevrier audit an vint madame de Beaujeu audit hostel Dieu et visita les offices des pouvres malades et donna audit office de prieuse XIIII livres. »

Un acte notarié passé pardevant Jehan Belin et Pierre Orage, notaire au Châtelet de Paris, en 1507, nous parle en termes assez intéressants d'une visite faite à l'Hôtel-Dieu par Louis XII, alors qu'il n'était encore que duc d'Orléans, « et dit ladite seur Jehanne la Gallette que elle estoit et est bien recors et memoratisve que le Roy nostre dit Sire qui apresent est estant duc Dorleans et fut environ le temps que le feu roy Charles derrenier decede cuy Dieu absoille espousa et print a femme la Royne nostre souveraine dame qui a present est et estant le Roy nostre dit Sire pour lors a certain jour en ceste ville de Paris entra audit hostel Dieu par la porte du petit pont tout du long et au travers pour aler a leglise de Paris et le costaioit ladite seur et quant feurent a lendroit de ladicte chappelle Dorleans icelle seur luy monstra ladicte chappelle et ce luy deist que feu son ayeul lavoit fondee audit hostel Dieu en laquelle on celebroit par chacun jour messe a lendroit de laquelle chappelle il se arresta ung peu veist des aornemens et iceulx veu appella son tresorier du Refuge auquel il charga par expres visiter et veoir lesdits aornemens et y faire faire des custodes qui y furent lors faictes. »

Cette chapelle était connue à l'Hôtel-Dieu sous le nom de chapelle d'Orléans, et après l'assassinat de la rue Barbette, on y célébra des messes pour le repos de l'âme de Louis d'Orléans.

Le greffier du Bureau nous a transmis un récit, dont on regrette le laconisme, de la visite que fit Louis XIV en 1669 à l'Hôtel-Dieu. « M. Perrau a dit que le Roi est venu à l'hostel Dieu pour y gaigner l'indulgence du jubilé et ordonné quil fust donné a lhostel Dieu en aumonne deux cents louis dor quensuite il a esté conduit par toutes les sales et ofices de l'hostel Dieu sans exception daucun non pas mesme de la sale ou on ensevelit les morts et que touche de la grande affluence des pauvres qui y estoient il a ordonné encor en aumosne 300 louis dor lesquels cinq cents louis dor ont este paiez par monseigneur levesque Dorléans premier aumonnier du Roy (1669). »

Paris. — Typographie Félix Malteste et Ce, rue des Deux-Portes-Saint-Sauveur, 22.

www.ingramcontent.com/pod-product-compliance
Lightning Source LLC
LaVergne TN
LVHW020046090426
835510LV00040B/1442